RAPHAEL'S ASTRONOMICAL

Ephemeris of the Planets' Places
for 1977
Mean Obliquity of the Ecliptic, 1977, 23° 26′ 32·19″.

INTRODUCTION

In the preparation of the data for RAPHAEL'S EPHEMERIS I am supported by a team of expert mathematicians, and every calculation is checked and doubly checked, thereby reducing the possibility of error to almost nil.

It can therefore be claimed that, as far as humanly possible, complete accuracy is assured. It is for this reason that, through the centuries, RAPHAEL'S EPHEMERIS has become recognised all over the world as the most reliable Astronomical Ephemeris published.

To conform with internationally adopted procedure, all times in this Ephemeris are calculated in Ephemeris Time. A brief explanation of this is given on page 37.

RAPHAEL

BRITISH SUMMER TIME

British Summer Time begins on March 20 and ends on October 23. When *British Summer Time* (one hour in advance of G.M.T.) is used, subtract one hour from B.S.T. before entering this Ephemeris.

[Certain of the astronomical information in this Ephemeris is based upon the Astronomical Ephemeris, and is included by permission of the Controller of H.M. Stationery Office.]

© Copyright 1976

Published by
LONDON: W. FOULSHAM & CO., LTD.
YEOVIL ROAD, SLOUGH, BUCKS., ENGLAND
NEW YORK   TORONTO   CAPE TOWN   SYDNEY
ISBN 0-572-00941-0

| 2 | | | | | | JANUARY, 1977 | | | | | [RAPHAEL'S |

D M	Neptune Lat.	Neptune Dec.	Herschel Lat.	Herschel Dec.	Saturn Lat.	Saturn Dec.	Jupiter Lat.	Jupiter Dec.	Mars Lat.	Mars Dec.	Mars Dec.
1	1 N27	21 S 7	0 N26	14 S 41	0 N53	16 N56	0 S 59	17 N12	0 S 37	24 S 4	24 S 4
3	1 27	21 7	0 26	14 42	0 53	16 59	0 58	17 11	0 38	24 4	24 4
5	1 27	21 8	0 27	14 44	0 53	17 1	0 58	17 10	0 39	24 4	24 4
7	1 28	21 8	0 27	14 45	0 54	17 4	0 57	17 10	0 41	24 2	24 3
9	1 28	21 8	0 27	14 46	0 54	17 7	0 57	17 10	0 42	23 59	24 1
11	1 28	21 9	0 27	14 47	0 54	17 10	0 56	17 10	0 43	23 55	23 57
13	1 28	21 9	0 27	14 48	0 55	17 12	0 55	17 10	0 44	23 50	23 53
15	1 28	21 10	0 27	14 49	0 55	17 15	0 55	17 10	0 45	23 45	23 48
17	1 28	21 10	0 27	14 50	0 55	17 18	0 54	17 11	0 46	23 38	23 41
19	1 28	21 10	0 27	14 51	0 55	17 21	0 54	17 12	0 47	23 30	23 34
21	1 28	21 11	0 27	14 52	0 56	17 24	0 53	17 13	0 48	23 21	23 25
23	1 28	21 11	0 27	14 53	0 56	17 27	0 53	17 14	0 49	23 11	23 16
25	1 28	21 11	0 27	14 53	0 56	17 30	0 52	17 16	0 50	23 0	23 5
27	1 28	21 11	0 27	14 54	0 56	17 33	0 52	17 17	0 51	22 47	22 54
29	1 28	21 12	0 27	14 55	0 57	17 36	0 51	17 19	0 52	22 34	22 41
31	1 N28	21 S 12	0 N27	14 S 55	0 N57	17 N39	0 S 50	17 N21	0 S 53	22 S 20	22 S 27

D M	D W	Sidereal Time H. M. S.	⊙ Long.	⊙ Dec.	☽ Long.	☽ Lat.	☽ Dec.	MIDNIGHT ☽ Long.	MIDNIGHT ☽ Dec.
1	S	18 44 6	10♑58 20	22 S 59	26♉10 39	2 S 9	17 N12	2♊ 7 18	18 N 2
2	☉	18 48 3	11 59 28	22 54	8♊ 6 1	3 3	18 39	14 7 10	19 4
3	M	18 51 59	13 0 36	22 48	20 11 2	3 49	19 16	26 17 52	19 14
4	Tu	18 55 56	14 1 45	22 42	2♋27 50	4 26	18 59	8♋41 2	18 30
5	W	18 59 52	15 2 53	22 35	14 57 31	4 50	17 48	21 17 17	16 52
6	Th	19 3 49	16 4 1	22 28	27 40 16	5 1	15 43	4♌ 6 23	14 22
7	F	19 7 45	17 5 9	22 21	10♌35 33	4 56	12 50	17 7 37	11 8
8	S	19 11 42	18 6 17	22 13	23 42 29	4 36	9 17	0♍20 2	7 18
9	☉	19 15 38	19 7 24	22 5	7♍ 0 12	4 0	5 13	13 42 55	3 N 4
10	M	19 19 35	20 8 32	21 56	20 28 9	3 11	0 N51	27 15 56	1 S 23
11	Tu	19 23 32	21 9 40	21 47	4♎ 6 16	2 10	3 S 38	10♎59 13	5 50
12	W	19 27 28	22 10 47	21 37	17 54 51	1 S 1	7 58	24 53 13	10 1
13	Th	19 31 25	23 11 55	21 27	1♏54 29	0 N12	11 57	8♏58 11	13 42
14	F	19 35 21	24 13 2	21 16	16 4 41	1 26	15 16	23 13 39	16 37
15	S	19 39 18	25 14 10	21 5	0♐24 49	2 35	17 42	7♐37 49	18 31
16	☉	19 43 14	26 15 17	20 54	14 52 8	3 35	19 1	22 7 11	19 13
17	M	19 47 11	27 16 24	20 42	29 22 14	4 21	19 5	6♑36 31	18 39
18	Tu	19 51 7	28 17 31	20 30	13♑49 13	4 50	17 55	20 59 27	16 54
19	W	19 55 4	29♑18 37	20 18	28 6 26	5 0	15 38	5♒ 9 23	14 9
20	Th	19 59 1	0♒19 42	20 5	12♒ 7 39	4 52	12 29	19 0 39	10 39
21	F	20 2 57	1 20 47	19 52	25 48 0	4 27	8 43	2♓29 25	6 42
22	S	20 6 54	2 21 51	19 38	9♓ 4 48	3 49	4 38	15 34 12	2 S 32
23	☉	20 10 50	3 22 53	19 24	21 57 45	2 59	0 S 27	28 15 47	1 N37
24	M	20 14 47	4 23 55	19 10	4♈28 41	2 2	3 N58	10♈36 58	5 36
25	Tu	20 18 43	5 24 56	18 55	16 41 10	1 N 0	7 29	22 41 56	9 16
26	W	20 22 40	6 25 56	18 40	28 39 55	0 S 3	10 57	4♉35 48	12 31
27	Th	20 26 36	7 26 55	18 25	10♉30 19	1 5	13 56	16 24 9	15 13
28	F	20 30 33	8 27 52	18 9	22 18 0	2 5	16 20	28 12 33	17 17
29	S	20 34 30	9 28 49	17 53	4♊ 8 28	2 59	18 3	10♊ 6 20	18 37
30	☉	20 38 26	10 29 44	17 36	16 6 44	3 46	18 58	22 10 10	19 7
31	M	20 42 23	11♒30 38	17 S 20	28♊17 5	4 S 23	19 N 3	4♋27 50	18 N45

FULL MOON—January 5, 0*h.* 10*m. p.m.*

D M	Venus Lat.	Venus Dec.	Venus Dec.	Mercury Lat.	Mercury Dec.	Mercury Dec.	☽ Node.
	° ′	° ′	° ′	° ′	° ′	° ′	° ′
1	1 S 35	14 S 8	13 S 42	1 N24	20 S 21	20 S 10	29♎51
3	1 28	13 15	12 48	2 2	20 1	19 54	29 45
5	1 21	12 21	11 54	2 35	19 48	19 44	29 39
7	1 13	11 26	10 58	3 0	19 41	19 40	29 32
9	1 5	10 30	10 2	3 16	19 40	19 41	29 26
11	0 56	9 33	9 5	3 22	19 44	19 48	29 20
13	0 47	8 36	8 7	3 19	19 53	19 59	29 13
15	0 37	7 38	7 9	3 9	20 5	20 13	29 7
17	0 27	6 39	6 10	2 55	20 21	20 29	29 0
19	0 16	5 41	5 11	2 37	20 37	20 46	28 54
21	0 S 5	4 41	4 12	2 18	20 54	21 2	28 48
23	0 N 7	3 42	3 12	1 57	21 10	21 17	28 41
25	0 19	2 43	2 13	1 36	21 24	21 30	28 35
27	0 32	1 44	1 14	1 16	21 35	21 40	28 29
29	0 45	0 S 44	0 S 15	0 56	21 44	21 S 46	28 22
31	0 N59	0 N14		0 N36	21 S 48		28♎16

Mutual Aspects.

1. ⊙ ∗ ♅. ☿ ⊥ ♀, △ ♃. ♀ [Q ♆.
2. ☿ ⊥ ♆. ♂ ⚼ ♄.
3. ♀ ⚼ ♇. 4. ⊙ □ ♇.
5. ⊙ ⚻ ♄, ⊻ ♆. ☿ ∠ ♀.
6. ⊙ ☌ ☿. ☿ ⚻ ♄.
7. ☿ ⊻ ♆, □ ♇. 9. ♂ ⚼ ♃.
10. ☿ ∗ ♅, ♀ P ♇. [P ♄.
11. ⊙ △ ♃, ⊥ ♆. ♀ ± ♇. ♃
12. ☿ ∗ ♀, ☌ ♂, ± ♄. ♀ ∗ ♂ Q ♃. ♄ △ ♆.
13. ⊙ Q ♅. ♂ ± ♄.
14. ♀ △ ♅.
15. ⊙ P ♆. ♃ Stat.
16. ♂ ∗ ♅. ♇ Stat.
17. ☿ Stat. ♀ ⚻ ♇.
18. ⊙ P ☿. ♀ ⚻ ♄, □ ♆.
19. ♂ □ ♇.
20. ⊙ ∠ ♆. ♂ ⚻ ♄.
21. ☿ ± ♄. ♂ ⊻ ♆.
23. ☿ P ♆. ♀ ± ♄.
24. ♀ ∗ ♃. ♄ ∗ ♇.
26. ☿ ∗ ♅. 28. ☿ ⚻ ♄.
29. ☿ □ ♇. ♀ ⚼ ♅. ♂ △ ♃, [⊥ ♆.
30. ⊙ P ♄. ☿ ⊻ ♆.
31. ⊙ P ♃, □ ♅. ♀ ⚼ ♄.

D M	♆ Long.	♅ Long.	♄ Long.	♃ Long.	♂ Long.	♀ Long.	☿ Long.
	° ′	° ′	° ′	° ′	° ′	° ′	° ′
1	14♐40	10♏54	15♌48	21♉ 30	0♑21	26♒35	21♑31
S	14 42	10 56	15 ℞44	21 ℞28	1 6	27 43	20 ℞36
3	14 44	10 59	15 41	21 25	1 51	28 50	19 31
4	14 46	11 1	15 37	21 23	2 36	29♒57	18 19
5	14 48	11 3	15 33	21 21	3 21	1♓ 4	17 2
6	14 50	11 5	15 29	21 19	4 6	2 11	15 41
7	14 52	11 7	15 25	21 17	4 51	3 17	14 21
8	14 54	11 9	15 21	21 15	5 36	4 24	13 2
S	14 56	11 11	15 17	21 14	6 21	5 30	11 49
10	14 58	11 13	15 13	21 13	7 6	6 35	10 42
11	15 0	11 15	15 9	21 12	7 52	7 41	9 43
12	15 2	11 17	15 5	21 11	8 37	8 46	8 53
13	15 4	11 19	15 0	21 11	9 22	9 51	8 12
14	15 6	11 20	14 56	21 10	10 8	10 56	7 42
15	15 8	11 22	14 52	21 D10	10 53	12 0	7 21
S	15 10	11 24	14 47	21 10	11 39	13 4	7 9
17	15 11	11 25	14 42	21 11	12 24	14 8	7 D 6
18	15 13	11 27	14 38	21 11	13 10	15 11	7 11
19	15 15	11 28	14 33	21 12	13 55	16 14	7 25
20	15 17	11 30	14 29	21 13	14 41	17 17	7 45
21	15 18	11 31	14 24	21 14	15 27	18 19	8 11
22	15 20	11 32	14 19	21 16	16 12	19 21	8 44
S	15 22	11 34	14 14	21 17	16 58	20 23	9 21
24	15 23	11 35	14 10	21 19	17 44	21 24	10 4
25	15 25	11 36	14 5	21 21	18 30	22 25	10 51
26	15 27	11 37	14 0	21 23	19 15	23 25	11 41
27	15 28	11 38	13 55	21 25	20 1	24 25	12 36
28	15 30	11 39	13 50	21 28	20 47	25 25	13 33
29	15 31	11 40	13 45	21 31	21 33	26 24	14 34
S	15 33	11 41	13 41	21 34	22 19	27 22	15 37
31	15♐34	11♏42	13♌36	21♉ 37	23♑ 5	28♓20	16♑43

Lunar Aspects.

D	⊙	♇	♆	♅	♄	♃	♂	♀	☿
1	⚼	⚼				●		□	△
2									⚼
3		△	☍	⚼	∗	⊻			
4					∠	∠	☍	△	
5	☍	□		△	⊻			⚼	☍
6			⚼			∗			
7		∗	△	□	☌				
8		∠				□	⚼		⚼
9	⚼			∗			△	☍	△
10	△	⊻	□	∠	⊻	△			
11					∠	⚼	□		□
12	□	☌	∗	⊻	∗			⚼	
13			∠						∗
14		⊻	⊻	●	□	☍	∗	△	∠
15	∗	∠					∠		⊻
16	∠	∗	☌	⊻	△		⊻	□	
17	⊻			∠	⚼	⚼			
18		□	⊻	∗			☌	∗	☌
19	☌		∠			△		∠	
20		△	∗	□	☍		⊻	⊻	⊻
21	⊻	⚼				□	∠		∠
22			□	△					∗
23	∠			⚼		∗	∗	☌	
24	∗				⚼	∠			□
25		☍	△		△	⊻	□		
26			⚼					⊻	
27	□			☍	□			∠	△
28						☌	△	∗	
29	△	⚼					⚼		⚼
30		△	☍		∗	⊻			
31	⚼			⚼	∠			□	

LAST QUARTER—January 12, 7*h.* 55*m. p.m.*

4					FEBRUARY, 1977					[RAPHAEL'S

D M	Neptune.		Herschel.		Saturn.		Jupiter.		Mars.		
	Lat.	Dec.	Lat.	Dec.	Lat.	Dec.	Lat.	Dec.	Lat.	Dec.	
1	1 N28	21 S 12	0 N28	14 S 55	0 N57	17 N41	0 S 50	17 N23	0 S 53	22 S 13	22 S 5
3	1 28	21 12	0 28	14 56	0 57	17 44	0 50	17 25	0 54	21 57	21 49
5	1 28	21 12	0 28	14 56	0 57	17 47	0 49	17 28	0 55	21 41	21 32
7	1 29	21 13	0 28	14 56	0 57	17 50	0 49	17 30	0 56	21 23	21 14
9	1 29	21 13	0 28	14 56	0 58	17 53	0 48	17 33	0 57	21 5	20 55
11	1 29	21 13	0 28	14 57	0 58	17 55	0 48	17 36	0 58	20 46	20 36
13	1 29	21 13	0 28	14 57	0 58	17 58	0 47	17 40	0 59	20 25	20 15
15	1 29	21 13	0 28	14 57	0 58	18 0	0 47	17 43	1 0	20 4	19 53
17	1 29	21 13	0 28	14 56	0 58	18 4	0 46	17 47	1 0	19 42	19 31
19	1 29	21 14	0 28	14 56	0 58	18 6	0 46	17 50	1 1	19 19	19 7
21	1 29	21 14	0 28	14 56	0 59	18 9	0 45	17 54	1 2	18 56	18 44
23	1 29	21 14	0 28	14 56	0 59	18 12	0 45	17 58	1 3	18 31	18 S 19
25	1 29	21 14	0 28	14 55	0 59	18 14	0 44	18 2	1 3	18 6	—
26	1 29	21 14	0 28	14 55	0 59	18 15	0 44	18 4	1 4	17 53	—
27	1 29	21 14	0 28	14 55	0 59	18 16	0 44	18 6	1 4	17 40	—
28	1 N29	21 S 14	0 N28	14 S 55	0 N59	18 N17	0 S 44	18 N 9	1 S 4	17 S 27	

D M	D W	Sidereal Time	☉ Long.	☉ Dec.	☽ Long.	☽ Lat.	☽ Dec.	MIDNIGHT ☽ Long.	☽ Dec.
		H. M. S.							
1	Tu	20 46 19	12≈31 30	17 S 3	10♋42 41	4 S 49	18 N13	17♋ 1 52	17 N27
2	W	20 50 16	13 32 22	16 46	23 25 26	5 1	16 28	29 53 26	15 16
3	Th	20 54 12	14 33 12	16 28	6♌25 45	4 58	13 52	13♌ 2 14	12 16
4	F	20 58 9	15 34 1	16 10	19 42 39	4 39	10 30	26 26 40	8 35
5	S	21 2 5	16 34 49	15 52	3♍13 57	4 4	6 32	10♍ 4 8	4 N23
6	☉	21 6 2	17 35 36	15 34	16 56 49	3 14	2 N10	23 51 39	0 S 5
7	M	21 9 59	18 36 21	15 15	0♎48 16	2 12	2 S 21	7♎46 21	4 35
8	Tu	21 13 55	19 37 6	14 56	14 45 38	1 S 2	6 47	21 45 54	8 53
9	W	21 17 52	20 37 50	14 37	28 46 58	0 N12	10 51	5♏48 42	12 41
10	Th	21 21 48	21 38 32	14 17	12♏50 58	1 26	14 20	19 53 41	15 46
11	F	21 25 45	22 39 14	13 58	26 56 45	2 35	16 58	4♐ 0 3	17 54
12	S	21 29 41	23 39 55	13 38	11♐ 3 28	3 34	18 34	18 6 47	18 56
13	☉	21 33 38	24 40 34	13 18	25 9 48	4 21	19 1	2♑12 13	18 47
14	M	21 37 34	25 41 13	12 57	9♑13 42	4 51	18 17	16 13 50	17 30
15	Tu	21 41 31	26 41 50	12 37	23 12 13	5 4	16 22	0≈ 8 21	15 10
16	W	21 45 28	27 42 25	12 16	7≈ 1 48	4 59	13 41	13 52 5	12 2
17	Th	21 49 24	28 43 0	11 55	20 38 47	4 37	10 14	27 21 31	8 19
18	F	21 53 21	29≈43 33	11 34	3♓59 59	4 0	6 9	10♓33 56	4 16
19	S	21 57 17	0♓44 4	11 13	17 3 15	3 11	2 S 11	23 27 52	0 S 6
20	☉	22 1 14	1 44 34	10 51	29 47 51	2 13	1 N58	6♈ 3 21	3 N58
21	M	22 5 10	2 45 1	10 30	12♈14 37	1 11	5 55	18 21 57	7 47
22	Tu	22 9 7	3 45 28	10 8	24 25 47	0 N 5	9 33	0♉26 34	11 12
23	W	22 13 3	4 45 52	9 46	6♉24 50	0 S 59	12 44	12 21 9	14 7
24	Th	22 17 0	5 46 14	9 24	18 17 3	2 0	15 21	24 10 50	16 25
25	F	22 20 56	6 46 35	9 1	0Π 4 40	2 56	17 18	5Π59 33	18 0
26	S	22 24 53	7 46 53	8 39	11 55 43	3 45	18 31	17 53 51	18 49
27	☉	22 28 50	8 47 10	8 17	23 54 35	4 24	18 54	29 58 30	18 47
28	M	22 32 46	9♓47 24	7 S 54	6♋ 6 11	4 S 52	18 N26	12♋18 8	17 N52

Full Moon—February 4, 3*h.* 56*m.* *a.m.*

D M	Venus Lat.	Venus Dec.		Mercury Lat.	Mercury Dec.		☽ Node.
	° ′	° ′	° ′	° ′	° ′	° ′	° ′
1	1N 6	0N44	1N13	0N26	21S49	21S49	28♎13
3	1 20	1 42	2 11	0N 8	21 48	21 45	28 6
5	1 35	2 39	3 8	0S10	21 42	21 37	28 0
7	1 50	3 36	4 5	0 26	21 31	21 24	27 54
9	2 6	4 33	5 0	0 42	21 15	21 6	27 47
11	2 22	5 28	5 55	0 56	20 55	20 43	27 41
13	2 39	6 22	6 49	1 9	20 30	20 15	27 35
15	2 56	7 15	7 41	1 22	19 59	19 42	27 28
17	3 13	8 7	8 32	1 32	19 23	19 3	27 22
19	3 30	8 58	9 22	1 42	18 42	18 20	27 16
21	3 48	9 47	10 10	1 50	17 56	17 31	27 9
23	4 6	10 34	10N57	1 57	17 5	16S37	27 3
25	4 24	11 19	—	2 3	16 8	—	26 57
26	4 33	11 41	—	2 5	15 38	—	26 53
27	4 43	12 2	—	2 6	15 6	—	26 50
28	4N52	12N23		2S 8	14S33		26♎47

Mutual Aspects.

1. ♂ Q ♅. 2. ☉ ☍ ♄.
3. ☉ △ ♇.
4. ☉ ⚹ ♆. ☿ △ ♃, ⊥ ♆.
5. ☿ P ♂. 6. ☿ Q ♅.
8. ☉ P ♅. ♀ ± ♅. ♂ P ♆.
9. ☿ P ♆.
10. ♀ ∠ ♃. ♂ ∠ ♆.
11. ☉ □ ♃. ☿ ∠ ♆.
12. ☿ ☌ ♂.
14. ☉ ∠ ♀. ☿ P ♂. ♅ Stat.
15. ♀ ▽ ♅.
16. ☉ Q ♆. ♀ △ ♄.
17. ☉ ⚼ ♇. 18. ♀ ☍ ♇.
19. ☿ ☍ ♄, □ ♅.
20. ☿ P ♄, △ ♇.
21. ☉ P ♇. ☿ ⚹ ♀, P ♃, ⚹
22. ☉ P ♀. [♆. ♀ △ ♆.
23. ♀ P ♇. [♅. ♄ □ ♅.
24. ♀ ⊥ ♃. ♂ ☍ ♄, P ♄, □
25. ♂ P ♃.
26. ☉ ± ♇. ☿ □ ♃.
27. ☿ P ♅. ♂ △ ♇.

D M	♆ Long.	♅ Long.	♄ Long.	♃ Long.	♂ Long.	♀ Long.	☿ Long.	Lunar Aspects ☉	♇	♆	♅	♄	♃	♂	♀	☿
	° ′	° ′	° ′	° ′	° ′	° ′	° ′									
1	15♐36	11♏42	13♌31	21♉40	23♑51	29♓18	17♑51		□		△	⚺	∠			
2	15 37	11 43	13 ℞26	21 44	24 37	0♈14	19 1						⚹	☍		☍
3	15 38	11 44	13 21	21 47	25 23	1 11	20 12			⚼	□				△	
4	15 40	11 44	13 16	21 51	26 9	2 6	21 26	☍	⚹	△		☌	□		⚼	
5	15 41	11 45	13 11	21 55	26 55	3 1	22 41		∠							⚼
𝕾	15 42	11 45	13 6	22 0	27 41	3 56	23 58		⚺	□	⚹	⚺	△	⚼		
7	15 44	11 46	13 1	22 4	28 28	4 50	25 16	⚼			∠	∠	⚼	△	☍	△
8	15 45	11 46	12 56	22 9	29♑14	5 43	26 36	△	☌	⚹	⚺	⚹				
9	15 46	11 46	12 52	22 14	0♒ 0	6 35	27 57			∠				□		□
10	15 47	11 47	12 47	22 19	0 46	7 26	29♑19		⚺	⚺	●	□				
11	15 49	11 47	12 42	22 24	1 33	8 17	0♒42	□	∠				☍	⚹	⚼	⚹
12	15 50	11 47	12 37	22 29	2 19	9 7	2 6		⚹	☌	⚺	△		∠	△	∠
𝕾	15 51	11 47	12 32	22 35	3 5	9 56	3 32	⚹			∠	⚼				
14	15 52	11 47	12 28	22 40	3 52	10 45	4 58	∠	□	⚺	⚹		⚼	⚺	□	⚺
15	15 53	11 ℞47	12 23	22 46	4 38	11 32	6 26	⚺					△			
16	15 54	11 47	12 18	22 52	5 25	12 19	7 54			∠	□	☍		☌	⚹	☌
17	15 55	11 47	12 14	22 58	6 11	13 5	9 24		△	⚹			□			
18	15 56	11 47	12 9	23 5	6 58	13 49	10 54	☌	⚼					⚺	∠	
19	15 57	11 47	12 5	23 11	7 44	14 33	12 26			□	△		⚹	∠	⚺	⚺
𝕾	15 58	11 46	12 0	23 18	8 30	15 15	13 58	⚺			⚼	⚼				∠
21	15 58	11 46	11 56	23 25	9 17	15 56	15 32	∠	☍	△		△	∠	⚹	☌	⚹
22	15 59	11 46	11 51	23 32	10 4	16 37	17 6						⚺			
23	16 0	11 45	11 47	23 39	10 50	17 16	18 42	⚹		⚼	☍	□		□		
24	16 1	11 45	11 43	23 46	11 37	17 53	20 18						☌		⚺	□
25	16 2	11 44	11 39	23 54	12 23	18 30	21 55		⚼						∠	
26	16 2	11 44	11 34	24 2	13 10	19 5	23 33	□	△	☍		⚹		△		
𝕾	16 3	11 43	11 30	24 9	13 57	19 38	25 13				⚼	∠	⚺	⚼	⚹	△
28	16♐ 4	11♏42	11♌26	24♉17	14♒43	20♈10	26♒53	△			△	⚺	∠			

Last Quarter—February 11, 4*h.* 7*m.* *a.m.*

| 6 | | | | | | MARCH, 1977 | | | | | [RAPHAEL'S |

D M	Neptune Lat.	Dec.	Herschel Lat.	Dec.	Saturn Lat.	Dec.	Jupiter Lat.	Dec.	Mars Lat.	Dec.	Dec.
1	1 N29	21 S 14	0 N28	14 S 55	0 N59	18 N19	0 S 43	18 N11	1 S 5	17 S 13	17 S 0
3	1 30	21 14	0 28	14 54	0 59	18 21	0 43	18 15	1 6	16 46	16 32
5	1 30	21 14	0 28	14 53	0 59	18 23	0 42	18 20	1 6	16 18	16 4
7	1 30	21 14	0 28	14 53	0 59	18 25	0 42	18 24	1 7	15 49	15 34
9	1 30	21 14	0 28	14 52	0 59	18 27	0 42	18 29	1 7	15 20	15 5
11	1 30	21 14	0 27	14 51	0 59	18 29	0 41	18 34	1 8	14 50	14 35
13	1 30	21 14	0 27	14 50	0 59	18 31	0 41	18 39	1 8	14 19	14 3
15	1 30	21 14	0 27	14 49	0 59	18 32	0 40	18 44	1 9	13 48	13 32
17	1 30	21 14	0 27	14 49	0 59	18 34	0 40	18 49	1 9	13 16	13 0
19	1 30	21 14	0 27	14 48	0 59	18 35	0 40	18 54	1 10	12 44	12 27
21	1 30	21 13	0 27	14 46	0 59	18 36	0 39	18 59	1 10	12 11	11 54
23	1 30	21 13	0 27	14 45	0 59	18 37	0 39	19 4	1 11	11 38	11 21
25	1 30	21 13	0 27	14 44	0 59	18 38	0 39	19 9	1 11	11 4	10 47
27	1 31	21 13	0 27	14 43	0 59	18 39	0 38	19 14	1 11	10 30	10 13
29	1 31	21 13	0 27	14 42	0 59	18 40	0 38	19 19	1 12	9 56	10 13
31	1 N31	21 S 13	0 N27	14 S 41	0 N59	18 N41	0 S 37	19 N25	1 S 12	9 S 21	9 S 38

D M	W	Sidereal Time H. M. S.	☉ Long.	☉ Dec.	☽ Long.	☽ Lat.	☽ Dec.	MIDNIGHT ☽ Long.	☽ Dec.
1	Tu	22 36 43	10♓47 37	7 S 31	18♋34 46	5 S 7	17 N 5	24♋56 27	16 N 4
2	W	22 40 39	11 47 47	7 8	1♌23 27	5 7	14 51	7♌55 55	13 25
3	Th	22 44 36	12 47 56	6 45	14 33 53	4 52	11 48	21 17 17	10 1
4	F	22 48 32	13 48 2	6 22	28 5 56	4 20	8 4	4♍59 30	6 0
5	S	22 52 29	14 48 7	5 59	11♍57 36	3 31	3 N49	18 59 41	1 N34
6	☉	22 56 25	15 48 9	5 36	26 5 13	2 30	0 S 44	3♎13 32	3 S 2
7	M	23 0 22	16 48 10	5 13	10♎24 0	1 S 17	5 18	17 35 57	7 30
8	Tu	23 4 19	17 48 9	4 49	24 48 44	0 9	9 36	2♏ 1 45	11 47
9	W	23 8 15	18 48 9	4 26	9♏11 27	1 N18	13 20	16 26 21	14 54
10	Th	23 12 12	19 48 2	4 2	23 37 1	2 31	16 14	0♐46 7	17 18
11	F	23 16 8	20 47 57	3 39	7♐53 20	3 34	18 6	14 58 26	18 36
12	S	23 20 5	21 47 49	3 15	22 1 14	4 23	18 49	29 1 34	18 44
13	☉	23 24 1	22 47 40	2 52	5♑59 20	4 56	18 22	12♑54 25	17 44
14	M	23 27 58	23 47 30	2 28	19 46 42	5 12	16 50	26 36 6	15 43
15	Tu	23 31 54	24 47 17	2 4	3♒22 31	5 9	14 23	10♒ 5 52	12 52
16	W	23 35 51	25 47 3	1 40	16 46 3	4 50	11 12	23 22 59	9 24
17	Th	23 39 48	26 46 47	1 17	29 56 34	4 16	7 30	6♓26 45	5 32
18	F	23 43 44	27 46 29	0 53	12♓53 27	3 28	3 S 31	19 17 44	1 S 28
19	S	23 47 41	28 46 9	0 29	25 36 25	2 32	0 N34	1♈52 43	2 N35
20	☉	23 51 37	29♓45 48	0 S 6	8♈ 5 40	1 28	4 34	14 15 22	6 28
21	M	23 55 34	0♈45 24	0 N18	20 22 2	0 N22	8 18	26 25 51	10 1
22	Tu	23 59 30	1 44 58	0 42	2♉27 8	0 S 45	11 38	8♉26 11	13 6
23	W	0 3 27	2 44 30	1 5	14 23 23	1 48	14 26	20 18 55	15 43
24	Th	0 7 23	3 43 59	1 29	26 13 55	2 47	16 36	2♊ 8 12	17 25
25	F	0 11 20	4 43 27	1 53	8♊ 2 32	3 39	18 3	13 57 28	18 29
26	S	0 15 17	5 42 52	2 16	19 53 35	4 21	18 43	25 51 29	18 45
27	☉	0 19 13	6 42 15	2 40	1♋51 46	4 52	18 33	7♋55 1	18 9
28	M	0 23 10	7 41 36	3 3	14 1 15	5 11	17 32	20 12 55	16 52
29	Tu	0 27 6	8 40 54	3 26	26 28 29	5 16	15 41	2♌49 19	14 27
30	W	0 31 3	9 40 10	3 50	9♌15 44	5 6	13 1	15 48 5	11 24
31	Th	0 34 59	10♈39 24	4 N13	22♌26 38	4 S 40	9 N37	29♌11 29	7 N41

Full Moon—March 5, *5h.* 13*m. p.m.*

D M	Venus. Lat.	Venus. Dec.		Mercury. Lat.	Mercury. Dec.		☽ Node.
	° ′	° ′	° ′	° ′	° ′	° ′	° ′
1	5 N 1	12 N43	13 N 3	2 S 9	13 S 59	13 S 24	26♎44
3	5 20	13 22	13 40	2 9	12 47	12 9	26 38
5	5 38	13 57	14 14	2 8	11 29	10 48	26 31
7	5 56	14 30	14 45	2 5	10 6	9 23	26 25
9	6 14	14 59	15 13	2 0	8 38	7 53	26 18
11	6 31	15 25	15 36	1 54	7 6	6 18	26 12
13	6 48	15 46	15 56	1 44	5 28	4 38	26 6
15	7 3	16 4	16 11	1 33	3 46	2 54	25 59
17	7 18	16 17	16 21	1 20	2 1	1 S 6	25 53
19	7 31	16 24	16 26	1 4	0 S 11	0 N44	25 47
21	7 42	16 26	16 25	0 47	1 N40	2 37	25 40
23	7 51	16 23	16 19	0 27	3 34	4 30	25 34
25	7 57	16 14	16 7	0 S 6	5 27	6 24	25 28
27	8 1	15 58	15 48	0 N17	7 19	8 14	25 21
29	8 2	15 36	15 N23	0 40	9 8	10 N 1	25 15
31	7 N59	15 N 9		1 N 4	10 N52		25♎ 9

Mutual Aspects.

1. ☿ Q ♆, ⚼ ♇. ♂ ✱ ♆.
2. ☉ ▽ ♄, △ ♅. ☿ P ♀.
3. ☉ Q ♃. 4. ☉ ▽ ♇.
6. ☉ □ ♆. ☿ ∠ ♀, ± ♇, P ♇.
7. ☉ ⊥ ♀ ± ♄.
8. ☿ ▽ ♄, △ ♅. ♀ P ♅. ♃ P ♄.
9. ☿ ▽ ♇.
10. ☿ Q ♃. ♀ P ♂.
11. ☿ ± ♄, □ ♆. ♂ P ♅.
12. ☿ ⊥ ♀. ♀ ✱ ♂.
15. ☉ ⊻ ♀. ☿ ⊻ ♀. ♂ □ ♃.
16. ☉ ☌ ☿, ⚼ ♄. ☿ ✱ ♃, ⚼ ♄, ⚼ ♅. ♀ Stat.
17. ☉ ✱ ♃, ⚼ ♅. ☿ ⊻ ♂. ♂ Q ♆, ⚼ ♇.
18. ☉ P ☿. ♆ Stat.
19. ☉ P ☿. 21. ☿ ± ♅.
22. ☿ ⊥ ♂.
23. ☉ ⊻ ♂. ☿ △ ♄.
24. ☿ ▽ ♅. ♃ ⚼ ♇.
25. ☉ ± ♅. ☿ ∠ ♃, ☍ ♇. ♂ P ♇. ♃ Q ♄.
26. ☿ △ ♆. ♀ ⊥ ♃.
28. ♀ ∠ ♂.
29. ☿ ☌ ♀, ∠ ♂. ♂ ± ♇.
30. ☉ △ ♄. ☿ P ♂, ⊥ ♃.
31. ☉ ▽ ♅. ☿ P ♇.

D M	♆ Long.	♅ Long.	♄ Long.	♃ Long.	♂ Long.	♀ Long.	☿ Long.
	° ′	° ′	° ′	° ′	° ′	° ′	° ′
1	16♐ 4	11♏41	11♌22	24♉ 25	15♒30	20♈41	28♒34
2	16 5	11 ℞41	11 ℞18	24 34	16 17	21 10	0♓16
3	16 5	11 40	11 15	24 42	17 3	21 37	2 0
4	16 6	11 39	11 11	24 50	17 50	22 3	3 44
5	16 6	11 38	11 7	24 59	18 37	22 27	5 30
S	16 6	11 37	11 4	25 8	19 24	22 48	7 16
7	16 7	11 36	11 0	25 16	20 10	23 8	9 4
8	16 7	11 35	10 57	25 25	20 57	23 27	10 53
9	16 8	11 33	10 53	25 35	21 44	23 43	12 42
10	16 8	11 32	10 50	25 44	22 31	23 57	14 34
11	16 8	11 31	10 47	25 53	23 17	24 9	16 26
12	16 8	11 30	10 44	26 3	24 4	24 18	18 19
S	16 8	11 28	10 41	26 12	24 51	24 25	20 14
14	16 9	11 27	10 38	26 22	25 38	24 30	22 9
15	16 9	11 26	10 35	26 32	26 25	24 33	24 6
16	16 9	11 24	10 32	26 42	27 12	24 ℞33	26 3
17	16 9	11 23	10 30	26 52	27 58	24 31	28♓ 1
18	16 ℞ 9	11 21	10 27	27 2	28 45	24 27	0♈ 0
19	16 9	11 19	10 25	27 12	29♒32	24 20	2 0
S	16 9	11 18	10 22	27 23	0♓19	24 10	4 0
21	16 9	11 16	10 20	27 33	1 6	23 58	6 1
22	16 9	11 14	10 18	27 44	1 52	23 44	8 2
23	16 8	11 12	10 16	27 54	2 39	23 27	10 3
24	16 8	11 11	10 14	28 5	3 26	23 7	12 3
25	16 8	11 9	10 12	28 16	4 13	22 45	14 3
26	16 8	11 7	10 10	28 27	5 0	22 21	16 2
S	16 7	11 5	10 9	28 38	5 47	21 55	18 0
28	16 7	11 3	10 7	28 49	6 34	21 27	19 56
29	16 7	11 1	10 6	29 1	7 20	20 57	21 51
30	16 6	10 59	10 5	29 12	8 7	20 25	23 42
31	16♐ 6	10♏57	10♌ 3	29♉ 23	8♓54	19♈52	25♈31

Lunar Aspects.

D M	☉	♇	♆	♅	♄	♃	♂	♀	☿
1		□				✱		□	⚼
2	⚼		⚼						
3		✱	△	□	☌		☍		
4		∠				□		△	☍
5	☍	⊻	□	✱	⊻			⚼	
S				∠	∠	△			
7		☌	✱	⊻	✱	⚼	⚼		
8			∠				△	☍	⚼
9	⚼	⊻	⊻	●	□				△
10	△	∠				☍	□		
11		✱		⊻	△			⚼	
12	□		☌	∠	⚼		✱	△	□
S				✱		⚼	∠		
14	✱	□	⊻			△	⊻	□	✱
15			∠						∠
16	∠	△	✱	□	☍				
17	⊻	⚼				□	☌	✱	⊻
18			□	△				∠	
19	☌			⚼	⚼	✱	⊻	⊻	
S		☍			△	∠			☌
21			△				∠	☌	
22	⊻		⚼			⊻	✱		
23	∠			☍	□				⊻
24		⚼				☌		⊻	∠
25	✱	△			✱		□	∠	
26			☍		∠			✱	✱
S	□			⚼		⊻	△		
28		□		△	⊻	∠			
29			⚼			✱	⚼	□	□
30	△	✱		□	☌				
31	⚼	∠	△					△	△

Last Quarter—March 12, 11*h.* 35*m. a.m.*

8   APRIL, 1977   [RAPHAEL'S

D M	Neptune Lat.	Neptune Dec.	Herschel Lat.	Herschel Dec.	Saturn Lat.	Saturn Dec.	Jupiter Lat.	Jupiter Dec.	Mars Lat.	Mars Dec.	Mars Dec.
1	1 N31	21 S 13	0 N27	14 S 40	0 N59	18 N41	0 S 37	19 N28	1 S 12	9 S 3	8 S 46
3	1 31	21 12	0 27	14 39	0 59	18 42	0 37	19 33	1 12	8 28	8 10
5	1 31	21 12	0 27	14 37	0 59	18 42	0 37	19 38	1 13	7 52	7 35
7	1 31	21 12	0 27	14 36	0 59	18 42	0 36	19 43	1 13	7 17	6 59
9	1 31	21 12	0 27	14 34	0 59	18 42	0 36	19 48	1 13	6 41	6 22
11	1 31	21 12	0 27	14 33	0 59	18 42	0 36	19 54	1 13	6 4	5 46
13	1 31	21 11	0 27	14 31	0 59	18 42	0 35	19 59	1 13	5 28	5 10
15	1 31	21 11	0 27	14 30	0 59	18 42	0 35	20 4	1 13	4 51	4 33
17	1 31	21 11	0 27	14 28	0 59	18 42	0 35	20 9	1 13	4 15	3 56
19	1 31	21 11	0 27	14 27	0 59	18 41	0 35	20 15	1 13	3 38	3 19
21	1 32	21 10	0 27	14 25	0 59	18 41	0 34	20 20	1 13	3 1	2 42
23	1 32	21 10	0 27	14 24	0 59	18 40	0 34	20 25	1 13	2 24	2 5
25	1 32	21 10	0 27	14 22	0 59	18 39	0 34	20 30	1 13	1 47	1 28
27	1 32	21 10	0 27	14 21	0 59	18 38	0 33	20 35	1 13	1 10	0 S 52
29	1 32	21 9	0 27	14 19	0 59	18 37	0 33	20 40	1 13	0 33	—
30	1 N32	21 S 9	0 N27	14 S 18	0 N59	18 N37	0 S 33	20 N42	1 S 12	0 S 14	

D M	W	Sidereal Time H. M. S.	⊙ Long.	⊙ Dec.	☽ Long.	☽ Lat.	☽ Dec.	MIDNIGHT ☽ Long.	MIDNIGHT ☽ Dec.
1	F	0 38 56	11♈38 35	4 N36	6♍ 2 40	3 S 57	5 N37	13♍ 0 2	3 N27
2	S	0 42 52	12 37 45	4 59	20 3 20	2 59	1 N12	27 12 9	1 S 6
3	☉	0 46 49	13 36 52	5 22	4≏25 54	1 48	4 S 29	11≏43 55	5 42
4	M	0 50 45	14 35 56	5 45	19 5 24	0 S 29	7 55	26 29 27	10 2
5	Tu	0 54 42	15 34 59	6 8	3♏55	9	0 N53	12 0	11♏21 31	13 46
6	W	0 58 39	16 34 0	6 31	18 47 37	2 12	15 18	26 12 33	16 35
7	Th	1 2 35	17 33 0	6 53	3♐35 27	3 21	17 35	10♐55 35	18 16
8	F	1 6 32	18 31 57	7 16	18 12 18	4 17	18 39	25 25 6	18 44
9	S	1 10 28	19 30 53	7 38	2♑33 35	4 55	18 30	9♑37 27	17 59
10	☉	1 14 25	20 29 47	8 0	16 36 31	5 15	17 12	23 30 44	16 10
11	M	1 18 21	21 28 39	8 22	0≈20	6 5	16 14 56	7≈ 4 40	13 30
12	Tu	1 22 18	22 27 30	8 44	13 44 36	5 0	11 55	20 20 3	10 11
13	W	1 26 14	23 26 19	9 6	26 53 13	4 28	8 21	3♓18 21	6 27
14	Th	1 30 11	24 25 6	9 28	9♓41 39	3 44	4 29	16 1 23	2 S 29
15	F	1 34 8	25 23 51	9 49	22 17 45	2 49	0 S 28	28 31 1	1 N32
16	S	1 38 4	26 22 35	10 11	4♈47 23	1 47	3 N30	10♈49 6	5 25
17	☉	1 42 1	27 21 17	10 32	16 54 22	0 N41	7 17	22 57 24	9 3
18	M	1 45 57	28 19 56	10 53	28 57 20	0 S 26	10 43	4♉57 44	12 15
19	Tu	1 49 54	29♈18 34	11 14	10♉55 29	1 31	13 40	16 51 58	14 56
20	W	1 53 50	0♉17 10	11 34	22 47 27	2 32	16 2	28 42 15	16 57
21	Th	1 57 47	1 15 44	11 55	4♊36 39	3 25	17 42	10♊31 1	18 15
22	F	2 1 43	2 14 16	12 15	16 25 44	4 11	18 36	22 21 11	18 44
23	S	2 5 40	3 12 46	12 35	28 17 48	4 45	18 41	4♋16 4	18 24
24	☉	2 9 37	4 11 13	12 55	10♋16 26	5 8	17 56	16 19 26	17 15
25	M	2 13 33	5 9 39	13 14	22 25 34	5 17	16 22	28 35 22	15 17
26	Tu	2 17 30	6 8 3	13 34	4♌49 22	5 12	14 1	11♌ 8 5	12 34
27	W	2 21 26	7 6 24	13 53	17 32 0	4 51	10 57	24 1 35	9 11
28	Th	2 25 23	8 4 43	14 12	0♍37 15	4 16	7 16	7♍19 18	5 14
29	F	2 29 19	9 3 0	14 31	14 7 58	3 25	3 N 6	21 3 23	0 N53
30	S	2 33 16	10♉ 1 16	14 N49	28♍ 5 32	2 S 20	1 S 23	5♎14 14	3 S 40

FULL MOON—April 4, 4*h.* 9*m.* *a.m.*

D M	Venus. Lat.	Venus. Dec.		Mercury. Lat.	Mercury. Dec.		☽ Node.
	° ′	° ′	° ′	° ′	° ′	° ′	° ′
1	7 N56	14 N53	14 N36	1 N16	11 N41	12 N28	25♎ 5
3	7 48	14 18	13 58	1 38	13 14	13 57	24 59
5	7 37	13 38	13 17	2 0	14 37	15 15	24 53
7	7 22	12 55	12 32	2 19	15 50	16 22	24 46
9	7 4	12 9	11 45	2 35	16 52	17 18	24 40
11	6 42	11 22	10 58	2 48	17 42	18 2	24 34
13	6 19	10 34	10 11	2 56	18 19	18 33	24 27
15	5 54	9 48	9 25	3 0	18 44	18 52	24 21
17	5 27	9 3	8 42	3 0	18 57	18 58	24 15
19	4 59	8 21	8 1	2 53	18 57	18 52	24 8
21	4 31	7 42	7 24	2 42	18 44	18 34	24 2
23	4 3	7 7	6 51	2 25	18 20	18 4	23 55
25	3 35	6 36	6 22	2 2	17 45	17 24	23 49
27	3 8	6 9	5 N57	1 36	17 1	16 N36	23 43
29	2 41	5 46	—	1 5	16 9	—	23 36
30	2 N28	5 N36		0 N49	15 N42		23♎33

Mutual Aspects.

1. ♂ ∇ ♄.
2. ☉ ☍ ♇. ♀ P ♅.
3. ☿ ⊻ ♃, ⚼ ♆. ♂ △ ♅.
4. ☿ P ♀. ♀ ⊥ ♂. [∇ ♇.
5. ☉ ∠ ♃, △ ♆. ☿ P ♅. ♂
6. ☉ ☌ ♀. ♀ △ ♆.
7. ♀ ∠ ♃.
8. ☉ P ♂. ♀ ⊻ ♂.
9. ♂ ± ♄, □ ♆.
10. ☿ □ ♄, ± ♆.
11. ☿ ☍ ♅. ♀ P ♇. ♄ Stat.
12. ♀ ☍ ♇.
13. ☿ ⊻ ♀, ∇ ♇.
15. ☉ P ♀. ☿ P ♄. ♂ Q ♃.
16. ☉ ⊥ ♃. 17. ♀ ∇ ♅.
18. ♀ △ ♄. 19. ☉ P ♇.
20. ☿ Stat. [⚼ ♄, ⚼ ♅.
21. ☉ ⊥ ♂, ⚼ ♆. ☿ P ♄. ♂
22. ♄ □ ♅. 24. ☉ ⊻ ♃.
25. ☿ ∠ ♂.
27. ☿ ∇ ♇. ♀ Stat.
28. ☉ ⊻ ♀, P ♅. [☿ □ ♄.
30. ☉ ☌ ☿, □ ♄, ☍ ♅, ± ♆.

D M	♆ Long.	♅ Long.	♄ Long.	♃ Long.	♂ Long.	♀ Long.	☿ Long.
	° ′	° ′	° ′	° ′	° ′	° ′	° ′
1	16♐ 6	10♏55	10♌ 2	29♉ 35	9♓41	19♈18	27♈17
2	16 ℞ 5	10 ℞53	10 ℞ 1	29 46	10 28	18 ℞42	28♈59
𝕾	16 5	10 51	10 0	29♉ 58	11 14	18 5	0♉ 37
4	16 4	10 48	10 0	0♊10	12 1	17 28	2 11
5	16 4	10 46	9 59	0 22	12 48	16 50	3 40
6	16 3	10 44	9 58	0 34	13 35	16 12	5 4
7	16 2	10 42	9 58	0 46	14 21	15 34	6 23
8	16 2	10 39	9 58	0 58	15 8	14 57	7 37
9	16 1	10 37	9 57	1 10	15 55	14 20	8 45
𝕾	16 0	10 35	9 57	1 22	16 42	13 44	9 47
11	16 0	10 32	9 D57	1 34	17 28	13 9	10 43
12	15 59	10 30	9 57	1 47	18 15	12 35	11 33
13	15 58	10 28	9 57	1 59	19 2	12 3	12 17
14	15 57	10 25	9 58	2 12	19 48	11 33	12 55
15	15 56	10 23	9 58	2 24	20 35	11 4	13 26
16	15 55	10 20	9 59	2 37	21 21	10 37	13 52
𝕾	15 54	10 18	9 59	2 49	22 8	10 13	14 10
18	15 53	10 16	10 0	3 2	22 55	9 50	14 23
19	15 52	10 13	10 1	3 15	23 41	9 30	14 30
20	15 51	10 11	10 2	3 28	24 28	9 12	14 ℞30
21	15 50	10 8	10 3	3 41	25 14	8 57	14 25
22	15 49	10 6	10 4	3 53	26 1	8 44	14 14
23	15 48	10 3	10 5	4 6	26 47	8 33	13 58
𝕾	15 47	10 1	10 7	4 19	27 34	8 25	13 37
25	15 46	9 58	10 8	4 32	28 20	8 19	13 12
26	15 45	9 56	10 10	4 46	29 6	8 16	12 43
27	15 44	9 53	10 11	4 59	29♓53	8 D15	12 11
28	15 43	9 50	10 13	5 12	0♈39	8 16	11 36
29	15 41	9 48	10 15	5 25	1 25	8 20	10 59
30	15♐40	9♏45	10♌17	5♊39	2♈12	8♈26	10♉20

Lunar Aspects.

D M	☉	♇	♆	♅	♄	♃	♂	♀	☿
1		⊻		✱	⊻	□	☍	⚼	
2			□	∠	∠				⚼
𝕾				⊻	✱	△			
4	☍	☌	✱			⚼		☍	
5			∠	☌	□		⚼		☍
6		⊻	⊻				△		
7	⚼	∠		⊻	△	☍		⚼	
8	△	✱	☌		⚼		□	△	⚼
9				∠					△
𝕾	□	□	⊻	✱		⚼	✱	□	
11			∠			△	∠		
12		△	✱	□	☍		⊻	✱	□
13	✱	⚼				□		∠	
14	∠		□	△				⊻	✱
15	⊻			⚼	⚼		☌		
16					△	✱		☌	∠
𝕾		☍	△			∠	⊻		⊻
18	☌		⚼			⊻			
19				☍	□		∠	⊻	☌
20		⚼					✱	∠	
21	⊻				✱	☌		✱	
22	∠	△	☍						⊻
23	✱			⚼	∠	⊻	□		∠
𝕾		□		△	⊻			□	✱
25						∠			
26	□		⚼	□	☌	✱	△	△	
27		✱	△				⚼	⚼	□
28		∠				□			
29	△	⊻	□	✱	⊻				△
30	⚼			∠	∠		☍		⚼

LAST QUARTER—April 10, 7*h.* 15*m.* *p.m.*

10					MAY, 1977				[RAPHAEL'S

First Table

D M	Neptune Lat.	Neptune Dec.	Herschel Lat.	Herschel Dec.	Saturn Lat.	Saturn Dec.	Jupiter Lat.	Jupiter Dec.	Mars Lat.	Mars Dec.	Mars Dec. (even day)
1	1 N32	21 S 9	0 N27	14 S 17	0 N59	18 N36	0 S 33	20 N45	1 S 12	0 N 4	0 N23
3	1 32	21 8	0 27	14 16	0 59	18 35	0 33	20 50	1 12	0 41	1 0
5	1 32	21 8	0 27	14 14	0 59	18 33	0 32	20 54	1 12	1 18	1 36
7	1 32	21 8	0 27	14 13	0 59	18 32	0 32	20 59	1 11	1 55	2 13
9	1 32	21 7	0 27	14 11	0 59	18 30	0 32	21 4	1 11	2 31	2 50
11	1 32	21 7	0 27	14 9	0 59	18 29	0 32	21 9	1 11	3 8	3 26
13	1 32	21 7	0 27	14 8	0 59	18 27	0 32	21 13	1 10	3 44	4 2
15	1 32	21 6	0 27	14 6	0 59	18 25	0 31	21 18	1 10	4 20	4 38
17	1 32	21 6	0 27	14 5	0 59	18 23	0 31	21 22	1 9	4 56	5 13
19	1 32	21 6	0 26	14 3	0 59	18 21	0 31	21 26	1 9	5 31	5 49
21	1 32	21 5	0 26	14 2	0 59	18 19	0 31	21 30	1 8	6 6	6 24
23	1 32	21 5	0 26	14 1	0 59	18 16	0 30	21 35	1 8	6 41	6 59
25	1 32	21 5	0 26	13 59	0 58	18 14	0 30	21 39	1 7	7 16	7 33
27	1 32	21 4	0 26	13 58	0 58	18 11	0 30	21 43	1 6	7 50	8 7
29	1 32	21 4	0 26	13 56	0 58	18 9	0 30	21 46	1 6	8 24	8 N41
31	1 N32	21 S 4	0 N26	13 S 55	0 N58	18 N 6	0 S 30	21 N50	1 S 5	8 N58	

Second Table

D M	D W	Sidereal Time H. M. S.	☉ Long.	☉ Dec.	☽ Long.	☽ Lat.	☽ Dec.	MIDNIGHT ☽ Long.	☽ Dec.
1	☉	2 37 12	10 ♉ 59 29	15 N 7	12 ♎ 29 8	1 S 5	5 S 56	19 ♎ 49 44	8 S 8
2	M	2 41 9	11 57 40	15 25	27 15 20	0 N16	10 15	4 ♏ 45 4	12 12
3	Tu	2 45 6	12 55 49	15 43	12 ♏ 17 56	1 38	13 59	19 52 48	15 31
4	W	2 49 2	13 53 57	16 1	27 28 29	2 53	16 47	5 ♐ 3 44	17 45
5	Th	2 52 59	14 52 4	16 18	12 ♐ 37 21	3 56	18 25	20 8 11	18 44
6	F	2 56 55	15 50 8	16 35	27 35 12	4 42	18 43	4 ♑ 57 31	18 23
7	S	3 0 52	16 48 12	16 52	12 ♑ 14 24	5 8	17 45	19 25 20	16 51
8	☉	3 4 48	17 46 14	17 8	26 29 55	5 15	15 42	3 ♒ 27 59	14 20
9	M	3 8 45	18 44 14	17 24	10 ♒ 19 31	5 3	12 48	17 4 36	11 6
10	Tu	3 12 41	19 42 14	17 40	23 43 29	4 34	9 18	0 ♓ 16 27	7 24
11	W	3 16 38	20 40 11	17 55	6 ♓ 43 54	3 52	5 27	13 6 16	3 S 27
12	Th	3 20 35	21 38 8	18 10	19 23 59	3 0	1 S 26	25 ♓ 43 6	0 N34
13	F	3 24 31	22 36 3	18 25	1 ♈ 47 24	2 0	2 N33	7 ♈ 54 2	4 29
14	S	3 28 28	23 33 57	18 40	13 57 53	0 N56	6 22	19 59 21	8 10
15	☉	3 32 24	24 31 50	18 54	25 58 51	0 S10	9 53	1 ♉ 56 44	11 29
16	M	3 36 21	25 29 42	19 8	7 ♉ 53 21	1 14	12 58	13 49 1	14 18
17	Tu	3 40 17	26 27 32	19 22	19 44 0	2 15	15 30	25 38 36	16 31
18	W	3 44 14	27 25 20	19 35	1 ♊ 33 2	3 10	17 22	7 ♊ 27 34	18 2
19	Th	3 48 10	28 23 8	19 48	13 22 26	3 57	18 29	19 17 53	18 45
20	F	3 52 7	29 ♉ 20 54	20 1	25 14 9	4 33	18 48	1 ♋ 11 30	18 39
21	S	3 56 4	0 ♊ 18 38	20 13	7 ♋ 10 12	4 58	18 17	13 10 34	17 43
22	☉	4 0 0	1 16 21	20 25	19 21 46	5 10	16 57	25 15 36	15 59
23	M	4 3 57	2 14 3	20 36	1 ♌ 24 59	5 8	14 50	7 ♌ 35 28	13 31
24	Tu	4 7 53	3 11 43	20 48	13 49 30	4 51	12 1	20 7 30	10 23
25	W	4 11 50	4 9 21	20 59	26 29 55	4 21	8 36	2 ♍ 57 13	6 41
26	Th	4 15 46	5 6 58	21 9	9 ♍ 29 49	3 36	4 40	16 8 8	2 N34
27	F	4 19 43	6 4 33	21 19	22 52 19	2 39	0 N24	29 43 16	1 S 49
28	S	4 23 39	7 2 7	21 29	6 ♎ 40 32	1 30	4 S 2	13 ♎ 44 25	6 14
29	☉	4 27 36	7 59 40	21 38	20 54 50	0 S14	8 23	28 11 31	10 26
30	M	4 31 32	8 57 11	21 47	5 ♏ 34 2	1 N 5	12 22	13 ♏ 1 45	14 6
31	Tu	4 35 29	9 ♊ 54 41	21 N56	20 ♏ 33 50	2 N21	15 S 38	28 ♏ 9 14	16 S 53

FULL MOON—May 3, 1*h*. 3*m*. *p.m.*

D M	Venus. Lat.	Venus. Dec.		Mercury. Lat.	Mercury. Dec.		☽ Node.
	° ′	° ′	° ′	° ′	° ′	° ′	° ′
1	2 N15	5 N28		0 N32	15 N13		23 ♎ 30
			5 N20			14 N45	
3	1 50	5 14		0 S 3	14 16		23 24
			5 9			13 48	
5	1 26	5 4		0 37	13 20		23 17
			5 1			12 54	
7	1 4	4 59		1 10	12 29		23 11
			4 58			12 6	
9	0 43	4 57		1 41	11 45		23 5
			4 58			11 26	
11	0 22	4 59		2 9	11 9		22 58
			5 2			10 54	
13	0 N 3	5 5		2 32	10 42		22 52
			5 9			10 32	
15	0 S 14	5 14		2 52	10 25		22 46
			5 19			10 20	
17	0 31	5 25		3 8	10 18		22 39
			5 32			10 18	
19	0 47	5 39		3 20	10 20		22 33
			5 48			10 25	
21	1 1	5 57		3 29	10 32		22 27
			6 6			10 41	
23	1 15	6 16		3 33	10 52		22 20
			6 26			11 4	
25	1 27	6 37		3 34	11 19		22 14
			6 48			11 35	
27	1 39	7 0		3 32	11 53		22 7
			7 13			12 12	
29	1 49	7 25		3 28	12 33		22 1
			7 N38			12 N55	
31	1 S 59	7 N52		3 S 20	13 N19		21 ♎ 55

Mutual Aspects.

1. ☉ P ☿. ☿ ☍ ♅, ± ♆.
2. ☉ ▽ ♇. ☿ ⊻ ♀, ⊥ ♂. ♂ [± ♅.
3. ☿ P ♅.
4. ♅ ⊥ ♆. 5. ♀ ▽ ♅.
6. ☉ ⊥ ♀, ▽ ♆. ☿ ⊻ ♂, ⊻ [♃. ♂ ✱ ♃.
8. ☉ ± ♇. ♀ △ ♄.
9. ♂ ▽ ♅.
10. ☿ P ♇. ♃ P ♆.
11. ♀ ☍ ♇. ♂ △ ♄.
13. ☉ P ♄. ☿ Stat. ♂ ☍ ♇.
15. ♃ ▽ ♅. 16. ♀ ☌ ♂.
17. ☉ ⚼ ♇. ♀ △ ♆. ♂ △ ♆.
20. ☉ Q ♄. ♀ P ♂.
24. ☿ ☍ ♅, ± ♆. ♄ ✱ ♇.
25. ☿ P ♇.
26. ☉ P ♆. ♃ △ ♇.
27. ☿ □ ♄, ▽ ♇. ♃ ✱ ♄.
28. ☿ ⊻ ♃.
30. ☉ P ♃, ▽ ♅. ☿ ▽ ♆.

D M	♆ Long.	♅ Long.	♄ Long.	♃ Long.	♂ Long.	♀ Long.	☿ Long.	Lunar Aspects. ☉	♇	♆	♅	♄	♃	♂	♀	☿
	° ′	° ′	° ′	° ′	° ′	° ′	° ′									
𝕾	15 ♐ 39	9 ♏ 43	10 ♌ 19	5 ♊ 52	2 ♈ 58	8 ♈ 34	9 ♉ 42		☌	✱	⊻	✱	△		☍	
2	15 ℞ 38	9 ℞ 40	10 21	6 5	3 44	8 44	9 ℞ 3			∠			⚼			
3	15 36	9 38	10 24	6 19	4 30	8 57	8 25	☍	⊻	⊻	●	□				☍
4	15 35	9 35	10 26	6 32	5 16	9 11	7 48		∠					⚼	⚼	
5	15 34	9 33	10 29	6 46	6 2	9 28	7 14		✱	☌	⊻	△	☍	△	△	
6	15 32	9 30	10 31	6 59	6 48	9 46	6 42	⚼			∠	⚼				⚼
7	15 31	9 28	10 34	7 13	7 35	10 7	6 13	△	□	⊻	✱			□	□	△
𝕾	15 30	9 25	10 37	7 26	8 21	10 29	5 48			∠			⚼			
9	15 28	9 23	10 40	7 40	9 7	10 52	5 26		△	✱	□	☍	△	✱	✱	□
10	15 27	9 20	10 43	7 54	9 52	11 18	5 9	□	⚼					∠	∠	
11	15 26	9 18	10 46	8 7	10 38	11 45	4 56				△		□	⊻	⊻	✱
12	15 24	9 15	10 49	8 21	11 24	12 14	4 47	✱		□	⚼					∠
13	15 23	9 13	10 52	8 35	12 10	12 44	4 43					⚼				⊻
14	15 21	9 10	10 56	8 48	12 56	13 16	4 D44	∠	☍	△		△	✱	☌	●	
𝕾	15 20	9 8	10 59	9 2	13 42	13 49	4 49	⊻		⚼			∠			
16	15 18	9 5	11 3	9 16	14 27	14 23	4 59				☍	□	⊻			☌
17	15 17	9 3	11 6	9 30	15 13	14 58	5 13							⊻	⊻	
18	15 15	9 1	11 10	9 44	15 59	15 35	5 32	☌	⚼					∠	∠	⊻
19	15 14	8 58	11 14	9 57	16 44	16 13	5 55		△	☍		✱	☌	✱	✱	
20	15 12	8 56	11 18	10 11	17 30	16 52	6 22	⊻			⚼	∠				∠
21	15 11	8 54	11 22	10 25	18 15	17 33	6 54		□		△	⊻	⊻			✱
𝕾	15 9	8 51	11 26	10 39	19 1	18 14	7 29	∠						□	□	
23	15 7	8 49	11 30	10 53	19 46	18 56	8 9	✱		⚼			∠			
24	15 6	8 47	11 34	11 7	20 32	19 39	8 52		✱	△	□	☌	✱		△	□
25	15 4	8 45	11 39	11 21	21 17	20 23	9 39		∠					△		
26	15 3	8 42	11 43	11 35	22 2	21 8	10 30	□	⊻	□	✱	⊻	□	⚼	⚼	△
27	15 1	8 40	11 48	11 49	22 47	21 54	11 24				∠	∠				⚼
28	14 59	8 38	11 52	12 2	23 32	22 41	12 21	△	☌		⊻	✱	△			
𝕾	14 58	8 36	11 57	12 16	24 18	23 28	13 22	⚼		✱			⚼	☍	☍	
30	14 56	8 34	12 2	12 30	25 3	24 16	14 26		⊻	∠	●	□				
31	14 ♐ 55	8 ♏ 32	12 ♌ 6	12 ♊ 44	25 ♈ 48	25 ♈ 5	15 ♉ 32		∠	⊻						☍

LAST QUARTER—May 10, 4*h*. 8*m*. *a.m.*

12						JUNE, 1977						[RAPHAEL'S

D M	Neptune Lat.	Dec.	Herschel Lat.	Dec.	Saturn Lat.	Dec.	Jupiter Lat.	Dec.	Mars Lat.	Dec.	Dec.
1	1 N32	21 S 4	0 N26	13 S 54	0 N58	18 N 5	0 S 30	21 N52	1 S 5	9 N14	
3	1 32	21 3	0 26	13 53	0 58	18 2	0 29	21 56	1 4	9 47	9 N31
5	1 32	21 3	0 26	13 52	0 58	17 59	0 29	21 59	1 3	10 20	10 3
7	1 32	21 2	0 26	13 51	0 58	17 56	0 29	22 3	1 2	10 52	10 36
9	1 32	21 2	0 26	13 50	0 58	17 53	0 29	22 6	1 1	11 23	11 7
											11 39
11	1 32	21 2	0 26	13 49	0 58	17 50	0 29	22 9	1 1	11 54	
13	1 32	21 1	0 26	13 48	0 58	17 46	0 29	22 12	1 0	12 25	12 9
15	1 32	21 1	0 26	13 47	0 58	17 43	0 28	22 15	0 59	12 55	12 40
17	1 32	21 1	0 26	13 46	0 58	17 40	0 28	22 18	0 58	13 24	13 9
19	1 32	21 0	0 26	13 45	0 58	17 36	0 28	22 21	0 57	13 53	13 39
											14 7
21	1 32	21 0	0 26	13 44	0 58	17 33	0 28	22 24	0 55	14 21	
23	1 32	21 0	0 26	13 44	0 59	17 29	0 28	22 27	0 54	14 49	14 35
25	1 32	20 59	0 26	13 43	0 59	17 25	0 28	22 29	0 53	15 16	15 3
27	1 32	20 59	0 26	13 42	0 59	17 22	0 28	22 32	0 52	15 43	15 30
29	1 32	20 59	0 26	13 42	0 59	17 18	0 27	22 34	0 51	16 8	15 N56
30	1 N32	20 S 59	0 N26	13 S 42	0 N59	17 N16	0 S 27	22 N35	0 S 50	16 N21	—

D M	D W	Sidereal Time H. M. S.	☉ Long.	☉ Dec.	☽ Long.	☽ Lat.	☽ Dec.	MIDNIGHT ☽ Long.	☽ Dec.
1	W	4 39 26	10♊52 10	22 N 4	5♉46 49	3 N28	17 S 51	13♐25 16	18 S 30
2	Th	4 43 22	11 49 38	22 12	21 3 13	4 20	18 48	28 39 19	18 46
3	F	4 47 19	12 47 5	22 22	6♉12 16	4 54	18 24	13♉40 52	17 42
4	S	4 51 15	13 44 31	22 27	21 4 7	5 7	16 44	28 21 11	15 30
5	☽	4 55 12	14 41 57	22 34	5♒31 26	5 0	14 2	12♒34 29	12 24
6	M	4 59 8	15 39 21	22 40	19 30 10	4 35	10 37	26 18 28	8 43
7	Tu	5 3 5	16 36 45	22 46	2✕59 33	3 55	6 45	9✕33 45	4 43
8	W	5 7 2	17 34 9	22 51	16 1 30	3 5	2 S 40	22 23 16	0 S 38
9	Th	5 10 58	18 31 31	22 57	28 39 39	2 6	1 N24	4♈51 14	3 N23
10	F	5 14 55	19 28 54	23 1	10♈58 38	1 N 3	5 19	17 2 28	7 10
11	S	5 18 51	20 26 16	23 6	23 3 20	0 S 1	8 57	29 1 48	10 37
12	☽	5 22 48	21 23 37	23 10	4♉58 26	1 5	12 10	10♉53 44	13 35
13	M	5 26 44	22 20 58	23 13	16 48 11	2 5	14 52	22 42 12	15 59
14	Tu	5 30 41	23 18 18	23 16	28 36 9	2 59	16 56	4♊30 24	17 42
15	W	5 34 37	24 15 38	23 19	10♊25 15	3 46	18 17	16 20 56	18 40
16	Th	5 38 34	25 12 57	23 21	22 17 42	4 23	18 51	28 15 44	18 49
17	F	5 42 31	26 10 16	23 23	4♋15 13	4 48	18 34	10♋16 20	18 7
18	S	5 46 27	27 7 34	23 24	16 19 13	5 1	17 27	22 24 3	16 36
19	☽	5 50 24	28 4 52	23 25	28 30 58	5 1	15 33	4♌40 10	14 19
20	M	5 54 20	29 2 9	23 26	10♌51 52	4 46	12 55	17 6 17	11 21
21	Tu	5 58 17	29♊59 25	23 26	23 23 40	4 18	9 40	29 44 18	7 50
22	W	6 2 13	0♋56 41	23 26	6♍8 31	3 36	5 54	12♍36 38	3 N53
23	Th	6 6 10	1 53 56	23 25	19 9 0	2 43	1 N48	25 45 59	0 S20
24	F	6 10 6	2 51 10	23 24	2≏27 54	1 39	2 S 30	9≏15 5	4 39
25	S	6 14 3	3 48 24	23 23	16 7 46	0 S 28	6 47	23 6 9	8 50
26	☽	6 18 0	4 45 37	23 21	0♏10 18	0 N46	10 49	7♏20 10	12 39
27	M	6 21 56	5 42 49	23 19	14 35 32	2 0	14 19	21 56 2	15 46
28	Tu	6 25 53	6 40 1	23 16	29 21 6	3 7	16 58	6♐49 59	17 54
29	W	6 29 49	7 37 13	23 13	14♐21 42	4 2	18 31	21 55 12	18 49
30	Th	6 33 46	8♋34 25	23 N10	29♐29 13	4 N40	18 S 46	7♑2 31	18 S 23

FIRST QUARTER—June 24, 0h. 44m. p.m.

FULL MOON—June 1, 8*h.* 31*m. p.m.*

D M	Venus. Lat.	Venus. Dec.	Venus. Dec.	Mercury. Lat.	Mercury. Dec.	Mercury. Dec.	☽ Node.
	° ′	° ′	° ′	° ′	° ′	° ′	° ′
1	2 S 3	8 N 6	8 N20	3 S 15	13 N43	14 N 9	21 ♎ 52
3	2 12	8 34	8 49	3 3	14 35	15 2	21 45
5	2 19	9 4	9 19	2 49	15 31	15 59	21 39
7	2 26	9 35	9 50	2 33	16 28	16 58	21 32
9	2 32	10 6	10 22	2 16	17 28	17 58	21 26
11	2 37	10 38	10 55	1 56	18 28	18 58	21 20
13	2 41	11 11	11 28	1 35	19 28	19 57	21 13
15	2 45	11 44	12 1	1 14	20 26	20 54	21 7
17	2 48	12 18	12 34	0 51	21 21	21 48	21 1
19	2 51	12 51	13 8	0 28	22 12	22 36	20 54
21	2 53	13 24	13 41	0 S 6	22 57	23 17	20 48
23	2 54	13 58	14 14	0 N16	23 34	23 50	20 42
25	2 55	14 31	14 47	0 36	24 3	24 13	20 35
27	2 55	15 3	15 N19	0 55	24 20	24 N25	20 29
29	2 54	15 35	—	1 12	24 27	—	20 23
30	2 S 54	15 N51		1 N19	24 N26		20 ♎ 19

Mutual Aspects.

1. ☉ ∠ ♀. ☿ P ♅.
2. ☉ △ ♇. ☿ ± ♇.
3. ☉ ⚹ ♄. [∠ ♃.
4. ☉ ∠ ♂, ☌ ♃. ♀ ∠ ♃. ♂
5. ☉ ± ♅, ☍ ♆. ♀ ⚼ ♆. ♂
6. ♀ ☌ ♂. 7. ♃ ± ♅. [⚼ ♆.
8. ☿ ⚼ ♇. ♃ ☍ ♆.
9. ♂ P ♇. 10. ☿ P ♄.
11. ☿ Q ♄.
14. ☉ ⚼ ♅. ☿ ⚺ ♂. ♀ P ♇.
15. ☿ ∇ ♅. ♀ ☍ ♅, ± ♆.
16. ☿ ⚺ ♀, P ♆. [± ♆.
17. ☿ △ ♇. ♀ ⊥ ♃. ♂ ☍ ♅,
18. ☿ ⚹ ♄, ± ♅, ☍ ♆. ♀ ∇
19. ☿ ⊥ ♂, P ♃. [♇. ♂ P ♅.
20. ☉ ∠ ♄. ☿ ☌ ♃. [Stat.
21. ♀ □ ♄, ∇ ♆. ♂ ∇ ♇. ♇
22. ☿ ⊥ ♀, ⚼ ♅. ♀ P ♅. ♂
23. ☉ P ☿. ♄ △ ♆. [⊥ ♃.
24. ♀ ± ♇.
25. ♀ ⚺ ♃. ♂ □ ♄, ∇ ♆.
26. ☿ ∠ ♂, ∠ ♄. [± ♇.
29. ☉ △ ♅. ☿ ∠ ♀, △ ♅. ♂
30. ☉ ☌ ☿, ∠ ♀. ☿ ⊥ ♄.

D M	♆ Long.	♅ Long.	♄ Long.	♃ Long.	♂ Long.	♀ Long.	☿ Long.	Lunar Aspects ☉	♇	♆	♅	♄	♃	♂	♀	☿
	° ′	° ′	° ′	° ′	° ′	° ′	° ′									
1	14 ♐ 53	8 ♏ 30	12 ♌ 11	12 ♊ 58	26 ♈ 33	25 ♈ 55	16 ♉ 42	☍	⚹		⚺	△	☍	⚼	⚼	
2	14 ℞ 51	8 ℞ 28	12 16	13 12	27 18	26 45	17 56			☌	∠	⚼		△	△	
3	14 50	8 26	12 21	13 26	28 2	27 36	19 12		□		⚹					⚼
4	14 48	8 24	12 26	13 40	28 47	28 28	20 30			⚺						△
𝔖	14 47	8 22	12 32	13 54	29 ♈ 32	29 ♈ 20	21 52	⚼	△	∠	□	☍	⚼	□	□	
6	14 45	8 20	12 37	14 8	0 ♉ 17	0 ♉ 13	23 17	△		⚹			△			□
7	14 43	8 18	12 42	14 22	1 1	1 6	24 44		⚼		△			⚹	⚹	
8	14 42	8 16	12 48	14 36	1 46	2 0	26 14	□		□			□	∠	∠	
9	14 40	8 15	12 53	14 50	2 30	2 55	27 47				⚼	⚼		⚺	⚺	⚹
10	14 38	8 13	12 59	15 4	3 15	3 50	29 ♉ 23		☍	△		△	⚹			∠
11	14 37	8 11	13 4	15 18	3 59	4 45	1 ♊ 1	⚹								
𝔖	14 35	8 10	13 10	15 32	4 44	5 41	2 42	∠		⚼	☍		∠	●	☌	⚺
13	14 34	8 8	13 16	15 46	5 28	6 38	4 26					□	⚺			
14	14 32	8 7	13 22	15 59	6 12	7 35	6 13	⚺	⚼							
15	14 30	8 5	13 27	16 13	6 57	8 32	8 2		△	☍		⚹	☌	⚺	⚺	☌
16	14 29	8 4	13 33	16 27	7 41	9 29	9 54	☌			⚼			∠	∠	
17	14 27	8 2	13 39	16 41	8 25	10 27	11 48				△	∠		⚹		
18	14 26	8 1	13 45	16 55	9 9	11 26	13 44		□			⚺	⚺		⚹	⚺
𝔖	14 24	7 59	13 51	17 9	9 53	12 25	15 43	⚺		⚼			∠			∠
20	14 23	7 58	13 58	17 22	10 37	13 24	17 44	∠	⚹	△	□	☌		□	□	
21	14 21	7 57	14 4	17 36	11 20	14 23	19 48		∠				⚹			⚹
22	14 19	7 56	14 10	17 50	12 4	15 23	21 52	⚹	⚺		⚹			△		
23	14 18	7 54	14 16	18 4	12 48	16 23	23 59			□	∠	⚺	□		△	□
24	14 16	7 53	14 23	18 18	13 31	17 24	26 7	□			⚺	∠		⚼	⚼	
25	14 15	7 52	14 29	18 31	14 15	18 25	28 ♊ 16		☌	⚹		⚹	△			
𝔖	14 13	7 51	14 36	18 45	14 58	19 26	0 ♋ 26	△		∠			⚼			△
27	14 12	7 50	14 42	18 58	15 42	20 27	2 37	⚼	⚺	⚺	●	□		☍	☍	⚼
28	14 10	7 49	14 49	19 12	16 25	21 29	4 48		∠							
29	14 9	7 49	14 55	19 26	17 8	22 31	6 59		⚹	☌	⚺	△	☍			
30	14 ♐ 8	7 ♏ 48	15 ♌ 2	19 ♊ 39	17 ♉ 51	23 ♉ 33	9 ♋ 10				∠	⚼		⚼		

LAST QUARTER—June 8, 3*h.* 7*m. p.m.*

14					JULY, 1977						[RAPHAEL'S
D	**Neptune.**		**Herschel.**		**Saturn.**		**Jupiter.**		**Mars.**		
M	Lat.	Dec.	Lat.	Dec.	Lat.	Dec.	Lat.	Dec.	Lat.	Dec.	

D M	Neptune Lat.	Neptune Dec.	Herschel Lat.	Herschel Dec.	Saturn Lat.	Saturn Dec.	Jupiter Lat.	Jupiter Dec.	Mars Lat.	Mars Dec.	
1	1 N32	20 S 59	0 N26	13 S 41	0 N59	17 N14	0 S 27	22 N36	0 S 50	16 N34	16 N46
3	1 32	20 58	0 26	13 41	0 59	17 10	0 27	22 38	0 48	16 58	17 10
5	1 32	20 58	0 26	13 41	0 59	17 6	0 27	22 40	0 47	17 22	17 34
7	1 32	20 58	0 26	13 40	0 59	17 2	0 27	22 42	0 46	17 45	17 56
9	1 32	20 58	0 26	13 40	0 59	16 58	0 27	22 44	0 45	18 7	18 18
11	1 31	20 57	0 26	13 40	0 59	16 53	0 27	22 46	0 43	18 29	18 40
13	1 31	20 57	0 26	13 40	0 59	16 49	0 26	22 47	0 42	18 50	19 0
15	1 31	20 57	0 26	13 40	0 59	16 45	0 26	22 49	0 40	19 10	19 20
17	1 31	20 57	0 26	13 40	0 59	16 41	0 26	22 50	0 39	19 30	19 39
19	1 31	20 57	0 26	13 40	0 59	16 36	0 26	22 52	0 37	19 49	19 58
21	1 31	20 56	0 26	13 40	0 59	16 32	0 26	22 53	0 36	20 7	20 16
23	1 31	20 56	0 26	13 41	0 59	16 27	0 26	22 54	0 34	20 24	20 32
25	1 31	20 56	0 26	13 41	1 0	16 23	0 26	22 55	0 33	20 40	20 48
27	1 31	20 56	0 26	13 41	1 0	16 18	0 26	22 56	0 31	20 56	21 4
29	1 31	20 56	0 26	13 41	1 0	16 14	0 26	22 57	0 30	21 11	21 N18
31	1 N31	20 S 56	0 N25	13 S 42	1 N 0	16 N 9	0 S 25	22 N58	0 S 28	21 N25	

D M	D W	Sidereal Time	⊙ Long.	⊙ Dec.	☽ Long.	☽ Lat.	☽ Dec.	MIDNIGHT ☽ Long.	MIDNIGHT ☽ Dec.
		H. M. S.	° ′ ″	° ′	° ′ ″	° ′	° ′	° ′ ″	° ′
1	F	6 37 42	9♋31 36	23 N 6	14♑33 46	4 N59	17 S 41	22♑ 1 44	16 S 41
2	S	6 41 39	10 28 47	23 1	29 25 17	4 58	15 25	6♒43 25	13 55
3	☉	6 45 35	11 25 58	22 57	13♒55 22	4 37	12 14	21 0 31	10 23
4	M	6 49 32	12 23 10	22 52	27 58 30	4 0	8 26	4✕49 9	6 24
5	Tu	6 53 29	13 20 21	22 46	11✕32 30	3 10	4 19	18 8 45	2 S 13
6	W	6 57 25	14 17 33	22 40	24 38 14	2 11	0 S 7	1♈ 1 23	1 N56
7	Th	7 1 22	15 14 45	22 34	7♈18 46	1 8	3 N57	13 30 59	5 53
8	F	7 5 18	16 11 57	27 19	19 38 40	0 N 3	7 44	25 42 29	9 29
9	S	7 9 15	17 9 10	22 20	1♉43 7	1 S 0	11 8	7♉41 13	12 38
10	☉	7 13 11	18 6 23	22 13	13 37 27	2 0	14 1	19 32 25	15 14
11	M	7 17 8	19 3 37	22 5	25 26 43	2 55	16 18	1♊20 52	17 11
12	Tu	7 21 4	20 0 51	21 57	7♊15 23	3 41	17 53	13 10 41	18 23
13	W	7 25 1	20 58 6	21 48	19 7 9	4 18	18 42	25 5 9	18 48
14	Th	7 28 58	21 55 21	21 39	1♋ 4 56	4 45	18 42	7♋ 6 45	18 22
15	F	7 32 54	22 52 36	21 30	13 10 45	4 58	17 50	19 17 6	17 6
16	S	7 36 51	23 49 52	21 20	25 25 54	4 58	16 10	1♌37 13	15 2
17	☉	7 40 47	24 47 8	21 10	7♌51 5	4 44	13 43	14 7 34	12 15
18	M	7 44 44	25 44 25	21 0	20 26 42	4 16	10 37	26 48 32	8 51
19	Tu	7 48 40	26 41 41	20 49	3♍13 8	3 35	6 59	9♍40 34	5 0
20	W	7 52 37	27 38 59	20 38	16 10 58	2 42	2 N57	22 44 27	0 N51
21	Th	7 56 34	28 36 16	20 26	29 21 12	1 40	1 S 16	6♎ 1 24	3 S 24
22	F	8 0 30	29♋33 33	20 15	12♎45 13	0 S 31	5 31	19 32 53	7 34
23	S·	8 4 27	0♌30 51	20 2	26 24 32	0 N41	9 33	3♏20 20	11 25
24	☉	8 8 23	1 28 10	19 50	10♏20 21	1 53	13 8	17 24 36	14 41
25	M	8 12 20	2 25 28	19 37	24 32 59	2 58	16 1	1♐45 17	17 7
26	Tu	8 16 16	3 22 47	19 24	9♐ 1 9	3 54	17 57	16 20 4	18 29
27	W	8 20 13	4 20 7	19 11	23 41 24	4 35	18 43	1♑ 3 42	18 38
28	Th	8 24 9	5 17 27	18 57	8♑28 3	4 58	18 13	15 51 29	17 30
29	F	8 28 6	6 14 47	18 43	23 13 37	5 1	16 30	0♒33 26	15 14
30	S	8 32 2	7 12 8	18 28	7♒49 55	4 44	13 44	15 2 12	12 2
31	☉	8 35 59	8♌ 9 30	18 N14	22♒ 9 28	4 N10	10 S 11	29♒11 6	8 S 13

FULL MOON—July 1, *3h. 24m. a.m.* and July 30, *10h. 52m. a.m.*

D M	Venus. Lat.	Venus. Dec.		Mercury. Lat.	Mercury. Dec.		☽ Node.
	° ′	° ′	° ′	° ′	° ′	° ′	° ′
1	2 S 54	16 N 7	16 N22	1 N25	24 N22	24 N16	20♎16
3	2 52	16 37	16 52	1 36	24 7	23 55	20 10
5	2 50	17 7	17 22	1 44	23 41	23 25	20 4
7	2 48	17 36	17 50	1 50	23 6	22 45	19 57
9	2 46	18 4	18 17	1 51	22 22	21 58	19 51
11	2 43	18 30	18 43	1 50	21 31	21 3	19 44
13	2 39	18 56	19 8	1 47	20 34	20 4	19 38
15	2 35	19 20	19 31	1 41	19 32	18 59	19 32
17	2 31	19 42	19 53	1 33	18 26	17 51	19 25
19	2 27	20 3	20 13	1 23	17 16	16 40	19 19
21	2 22	20 22	20 31	1 11	16 4	15 27	19 13
23	2 17	20 40	20 48	0 57	14 50	14 12	19 6
25	2 12	20 55	21 2	0 42	13 35	12 57	19 0
27	2 6	21 9	21 15	0 25	12 20	11 42	18 54
29	2 1	21 21	21 N26	0 N 8	11 4	10 N27	18 47
31	1 S 55	21 N30		0 S 12	9 N50		18♎41

Mutual Aspects.

1. ☉ ⊥ ♄. ☿ □ ♇.
2. ☿ ▽ ♆.
3. ☉ □ ♇. ☿ ⊻ ♄. ♀ ⚼ ♇.
4. ♂ ⊻ ♃, P ♄.
5. ☿ ⊻ ♃, ± ♆. ♀ P ♄.
6. ☉ P ♃, ▽ ♆. ☿ ⚹ ♂.
8. ☉ ⊻ ♄. ☿ P ♃.
9. ☉ P ☿. ☿ ⊥ ♃, ⚼ ♆.
10. ☿ Q ♇. ♀ P ♂, Q ♄.
12. ☉ ± ♆. ☿ P ♆. ♂ ⚼ ♇.
13. ♀ ▽ ♅.
14. ☿ ∠ ♃, □ ♅. ♃ ⚼ ♅.
15. ☉ ⊻ ♃. ☿ ⚹ ♀, P ♀.
16. ☿ Q ♂, P ♂, ⚹ ♇. ♅ [Stat.
17. ☿ △ ♆. ♀ △ ♇.
18. ☉ P ♆.
19. ♀ ± ♅, ☍ ♆.
20. ☿ ☌ ♄, P ♄. ♅ ⊥ ♆.
21. ☉ P ♀, ⚼ ♆.
22. ☉ P ♂, Q ♇. ♀ ⚹ ♄.
23. ☉ ⊥ ♃. 24. ☿ ⚹ ♃.
25. ☿ Q ♅, P ♅. ♀ P ♆.
26. ☿ ∠ ♇. ♂ Q ♄.
27. ♀ ⚼ ♅. ♂ P ♆.
28. ♂ ▽ ♅. 29. ☿ P ♇.
30. ♀ ☌ ♃. 31. ☉ □ ♅.

D M	♆ Long.	♅ Long.	♄ Long.	♃ Long.	♂ Long.	♀ Long.	☿ Long.	Lunar Aspects. ☉	♇	♆	♅	♄	♃	♂	♀	☿
	° ′	° ′	° ′	° ′	° ′	° ′	° ′									
1	14♐ 6	7♏47	15♌ 9	19♊53	18♉ 35	24♉ 36	11♋20	☍	□	⊻	⚹			△	⚼	☍
2	14 ℞ 5	7 ℞46	15 16	20 6	19 18	25 38	13 30			∠			⚼		△	
𝔖	14 3	7 45	15 22	20 20	20 1	26 41	15 38		△	⚹	□	☍	△	□		
4	14 2	7 44	15 29	20 33	20 43	27 44	17 46	⚼	⚼						□	⚼
5	14 0	7 44	15 36	20 46	21 26	28 48	19 52	△		□	△					
6	13 59	7 44	15 43	21 0	22 9	29♉ 52	21 57				⚼	⚼	□	⚹	⚹	△
7	13 58	7 43	15 50	21 13	22 52	0♊ 56	24 0		☍					∠		
8	13 56	7 43	15 57	21 26	23 34	2 0	26 2	□		△		△	⚹	⊻	∠	
9	13 55	7 42	16 4	21 39	24 17	3 4	28♋ 2			⚼			∠		⊻	□
𝔖	13 54	7 42	16 11	21 52	24 59	4 8	0♌ 0	⚹			☍	□				
11	13 53	7 42	16 18	22 6	25 42	5 13	1 56		⚼				⊻	☌		
12	13 51	7 42	16 25	22 19	26 24	6 18	3 51	∠	△						●	⚹
13	13 50	7 41	16 32	22 32	27 6	7 23	5 43	⊻		☍	⚼	⚹	☌			∠
14	13 49	7 41	16 40	22 45	27 48	8 28	7 34					∠		⊻		
15	13 48	7 41	16 47	22 58	28 30	9 34	9 23		□		△	⊻		∠	⊻	⊻
16	13 47	7 D41	16 54	23 11	29 12	10 40	11 10	☌		⚼			⊻	⚹	∠	
𝔖	13 46	7 41	17 1	23 23	29♉ 54	11 46	12 55		⚹	△	□		∠		⚹	☌
18	13 44	7 41	17 9	23 36	0♊ 36	12 52	14 38	⊻	∠			☌	⚹			
19	13 43	7 41	17 16	23 49	1 18	13 58	16 19				⚹			□		
20	13 42	7 42	17 24	24 2	2 0	15 4	17 59	∠	⊻	□	∠	⊻			□	⊻
21	13 41	7 42	17 31	24 14	2 41	16 10	19 36	⚹				∠	□	△		∠
22	13 40	7 42	17 38	24 27	3 23	17 17	21 12		☌	⚹	⊻	⚹		⚼	△	
23	13 39	7 43	17 46	24 39	4 4	18 24	22 46	□		∠			△			⚹
𝔖	13 38	7 43	17 53	24 52	4 45	19 31	24 18		⊻	⊻	●		⚼		⚼	
25	13 37	7 43	18 1	25 4	5 26	20 38	25 48		∠			□				□
26	13 36	7 44	18 8	25 16	6 8	21 45	27 16	△	⚹	☌	⊻			☍		
27	13 36	7 44	18 16	25 29	6 49	22 52	28♌42	⚼			∠	△	☍		☍	△
28	13 35	7 45	18 23	25 41	7 30	24 0	0♍ 6		□	⊻	⚹	⚼				⚼
29	13 34	7 46	18 31	25 53	8 10	25 7	1 28			∠				⚼		
30	13 33	7 46	18 38	26 5	8 51	26 15	2 48	☍	△	⚹	□		⚼	△	⚼	
𝔖	13♐32	7♏47	18♌46	26♊17	9♊32	27♊23	4♍ 7		⚼			☍	△		△	

LAST QUARTER—July 8, *4h. 39m. a.m.*

16	AUGUST, 1977	[RAPHAEL'S

D M	Neptune Lat.	Dec.	Herschel Lat.	Dec.	Saturn Lat.	Dec.	Jupiter Lat.	Dec.	Mars Lat.	Dec.	
1	1 N31	20 S 56	0 N25	13 S 43	1 N 0	16 N 7	0 S 25	22 N58	0 S 27	21 N32	21 N39
3	1 30	20 56	0 25	13 43	1 0	16 2	0 25	22 59	0 25	21 45	21 51
5	1 30	20 56	0 25	13 44	1 0	15 57	0 25	23 0	0 23	21 57	22 3
7	1 30	20 56	0 25	13 45	1 0	15 53	0 25	23 0	0 22	22 9	22 14
9	1 30	20 56	0 25	13 46	1 0	15 48	0 25	23 1	0 20	22 20	22 25
11	1 30	20 56	0 25	13 47	1 1	15 43	0 25	23 1	0 18	22 29	22 34
13	1 30	20 56	0 25	13 48	1 1	15 39	0 25	23 1	0 17	22 39	22 43
15	1 30	20 56	0 25	13 49	1 1	15 34	0 25	23 2	0 15	22 47	22 51
17	1 30	20 56	0 25	13 50	1 1	15 29	0 25	23 2	0 13	22 55	22 58
19	1 30	20 56	0 25	13 51	1 1	15 24	0 25	23 2	0 11	23 2	23 5
21	1 29	20 56	0 25	13 52	1 1	15 19	0 24	23 2	0 9	23 8	23 11
23	1 29	20 56	0 25	13 53	1 2	15 15	0 24	23 2	0 7	23 13	23 16
25	1 29	20 56	0 25	13 55	1 2	15 10	0 24	23 2	0 5	23 18	23 20
27	1 29	20 56	0 25	13 56	1 2	15 5	0 24	23 2	0 3	23 22	23 24
29	1 29	20 56	0 25	13 57	1 2	15 0	0 24	23 2	0 S 1	23 25	23 24
31	1 N29	20 S 56	0 N24	13 S 59	1 N 2	14 N56	0 S 24	23 N 2	0 N 1	23 N28	23 N27

D M	D W	Sidereal Time	☉ Long.	☉ Dec.	☽ Long.	☽ Lat.	☽ Dec.	MIDNIGHT ☽ Long.	☽ Dec.
		H. M. S.							
1	M	8 39 56	9 ♌ 6 53	17 N59	6 ♓ 6 38	3 N21	6 S 9	12 ♓ 55 47	4 S 3
2	Tu	8 43 52	10 4 17	17 43	19 38 24	2 22	1 S 55	26 14 33	0 N12
3	W	8 47 49	11 1 42	17 28	2 ♈ 44 25	1 18	2 N17	9 ♈ 8 17	4 18
4	Th	8 51 45	11 59 8	17 12	15 26 35	0 N11	6 15	21 39 49	8 6
5	F	8 55 42	12 56 36	16 56	27 48 33	0 S 55	9 50	3 ♉ 53 22	11 27
6	S	8 59 38	13 54 4	16 39	9 ♉ 54 56	1 57	12 56	15 53 55	14 16
7	☉	9 3 35	14 51 34	16 23	21 50 58	2 53	15 27	27 46 44	16 27
8	M	9 7 31	15 49 5	16 6	3 ♊ 41 52	3 41	17 16	9 ♊ 36 58	17 55
9	Tu	9 11 28	16 46 38	15 48	15 32 38	4 19	18 21	21 29 24	18 36
10	W	9 15 25	17 44 12	15 31	27 27 46	4 47	18 38	3 ♋ 28 9	18 28
11	Th	9 19 21	18 41 47	15 13	9 ♋ 30 56	5 2	18 5	15 36 28	17 29
12	F	9 23 18	19 39 23	14 55	21 44 59	5 4	16 41	27 56 41	15 41
13	S	9 27 14	20 37 1	14 37	4 ♌ 11 42	4 51	14 30	10 ♌ 30 7	13 7
14	☉	9 31 11	21 34 40	14 19	16 51 56	4 24	11 35	23 17 9	9 54
15	M	9 35 7	22 32 20	14 0	29 45 40	3 43	8 4	6 ♍ 17 25	6 8
16	Tu	9 39 4	23 30 2	13 41	12 ♍ 52 16	2 49	4 N 7	19 30 6	2 N 2
17	W	9 43 0	24 27 45	13 22	26 10 48	1 46	0 S 6	2 ≏ 54 15	2 S 15
18	Th	9 46 57	25 25 28	13 3	9 ≏ 40 21	0 S 35	4 23	16 29 1	6 28
19	F	9 50 54	26 23 13	12 43	23 20 12	0 N38	8 29	0 ♏ 13 50	10 23
20	S	9 54 50	27 20 59	12 24	7 ♏ 9 53	1 50	12 10	14 8 17	13 47
21	☉	9 58 47	28 18 47	12 4	21 9 0	2 57	15 12	28 11 54	16 24
22	M	10 2 43	29 ♌ 16 35	11 44	5 ♐ 18 54	3 53	17 21	12 ♐ 23 46	18 2
23	Tu	10 6 40	0 ♍ 14 25	11 23	19 32 16	4 36	18 26	26 42 4	18 33
24	W	10 10 36	1 12 15	11 3	3 ♑ 52 46	5 2	18 21	11 ♑ 3 52	17 52
25	Th	10 14 33	2 10 7	10 42	18 14 48	5 9	17 6	25 25 0	16 4
26	F	10 18 29	3 8 0	10 21	2 ≈ 33 47	4 56	14 47	9 ≈ 40 30	13 17
27	S	10 22 26	4 5 55	10 0	16 44 30	4 26	11 35	23 44 9	9 45
28	☉	10 26 23	5 3 51	9 39	0 ♓ 41 57	3 40	7 48	7 ♓ 34 22	5 46
29	M	10 30 19	6 1 48	9 18	14 22 1	2 42	3 S40	21 4 38	1 S33
30	Tu	10 34 16	6 59 47	8 57	27 42 4	1 36	0 N33	4 ♈ 14 14	2 N38
31	W	10 38 12	7 ♍ 57 48	8 N35	10 ♈ 41 12	0 N27	4 N39	17 ♈ 3 8	6 N35

FIRST QUARTER—August 22, 1h. 4m. a.m.

Full Moon—August 28, 8*h*. 10*m*. *p.m.*

D M	Venus Lat.	Venus Dec.	Venus Dec.	Mercury Lat.	Mercury Dec.	Mercury Dec.	☽ Node.
	° ′	° ′	° ′	° ′	° ′	° ′	° ′
1	1 S 52	21 N34	21 N38	0 S 21	9 N13	8 N36	18 ♎ 38
3	1 46	21 41	21 43	0 42	8 0	7 24	18 31
5	1 39	21 45	21 47	1 3	6 49	6 15	18 25
7	1 33	21 48	21 47	1 25	5 41	5 8	18 19
9	1 26	21 47	21 46	1 47	4 37	4 6	18 12
11	1 20	21 45	21 43	2 9	3 36	3 7	18 6
13	1 13	21 40	21 37	2 31	2 40	2 14	18 0
15	1 6	21 33	21 29	2 53	1 50	1 28	17 53
17	0 59	21 24	21 18	3 15	1 7	0 48	17 47
19	0 52	21 12	21 5	3 35	0 32	0 N18	17 41
21	0 45	20 58	20 50	3 53	0 N 6	0 S 3	17 34
23	0 38	20 41	20 32	4 9	0 S 9	0 12	17 28
25	0 32	20 22	20 12	4 21	0 12	0 S 8	17 21
27	0 25	20 1	19 50	4 29	0 S 1	0 N10	17 15
29	0 18	19 38	19 N26	4 32	0 N24	0 N42	17 9
31	0 S 12	19 N13		4 S 27	1 N 3		17 ♎ 2

Mutual Aspects.

1. ☿ ⊥ ♇. 2. ♀ P ♂.
3. ☿ ✱ ♅. [△ ♇.
4. ☉ ∠ ♃, ✱ ♇. ☿ Q ♃. ♂
5. ☉ ✱ ♂. [☍ ♆.
6. ☉ △ ♆. ♀ ∠ ♄. ♂ ± ♅,
7. ☿ ⊻ ♇. 8. ☿ □ ♆.
9. ☉ P ♄. ♀ △ ♅.
13. ☉ ☌ ♄. ♀ □ ♇.
14. ♀ ▽ ♆. 15. ♀ ⊥ ♄.
16. ☉ P ♅. 17. ♂ ✱ ♄.
19. ☉ Q ♅. ♀ ± ♆. ♂ P ♃.
20. ☉ ∠ ♇. ☿ ✱ ♀.
21. ♀ ⊻ ♄, P ♆. ♂ ⚼ ♅.
22. ☿ Stat.
23. ☉ ✱ ♃.
24. ☉ ⊥ ♀. ♀ ⊻ ♂.
25. ♆ Stat.
26. ☉ P ♇.
27. ♀ ⚼ ♆.
29. ♀ ⊻ ♃, Q ♇.
30. ☉ ⊥ ♇. ☿ ∠ ♀.

D M	♆ Long.	♅ Long.	♄ Long.	♃ Long.	♂ Long.	♀ Long.	☿ Long.	☉	♇	♆	♅	♄	♃	♂	♀	☿
	° ′	° ′	° ′	° ′	° ′	° ′	° ′									
1	13 ♐ 31	7 ♏ 48	18 ♌ 54	26 ♊ 29	10 ♊ 12	28 ♊ 31	5 ♍ 23				△			□		☍
2	13 ℞ 31	7 49	19 1	26 41	10 53	29 ♊ 39	6 37	⚼		□	⚼					
3	13 30	7 50	19 9	26 53	11 33	0 ♋ 48	7 48					⚼	□		□	
4	13 29	7 51	19 16	27 4	12 13	1 56	8 58	△	☍	△		△		✱		
5	13 29	7 52	19 24	27 16	12 54	3 4	10 5			⚼			✱	∠	✱	⚼
6	13 28	7 53	19 32	27 27	13 34	4 13	11 9	□			☍		∠	⊻		△
𝔖	13 28	7 54	19 40	27 39	14 14	5 22	12 11		⚼			□	⊻		∠	
8	13 27	7 55	19 47	27 50	14 54	6 31	13 10								⊻	
9	13 26	7 56	19 55	28 1	15 33	7 40	14 7	✱	△	☍		✱		☌		□
10	13 26	7 58	20 2	28 13	16 13	8 49	15 0	∠			⚼		☌			
11	13 25	7 59	20 10	28 24	16 53	9 58	15 51		□		△	∠			☌	
12	13 25	8 0	20 18	28 35	17 32	11 8	16 38	⊻				⊻		⊻		✱
13	13 25	8 2	20 26	28 46	18 12	12 17	17 22			⚼	□		⊻	∠		∠
𝔖	13 24	8 3	20 33	28 57	18 51	13 26	18 2	☌	✱	△		☌	∠	✱	⊻	⊻
15	13 24	8 5	20 41	29 7	19 30	14 36	18 38		∠				✱		∠	
16	13 24	8 6	20 48	29 18	20 9	15 46	19 10		⊻	□	✱				✱	●
17	13 23	8 8	20 56	29 29	20 48	16 56	19 38	⊻			∠	⊻	□	□		
18	13 23	8 10	21 4	29 39	21 27	18 6	20 2	∠	☌	✱	⊻	∠				
19	13 23	8 11	21 12	29 ♊ 49	22 6	19 16	20 21	✱		∠		✱	△	△	□	⊻
20	13 23	8 13	21 19	0 ♋ 0	22 44	20 26	20 35		⊻	⊻	☌			⚼		∠
𝔖	13 23	8 15	21 27	0 10	23 23	21 36	20 43		∠			□	⚼		△	✱
22	13 22	8 17	21 35	0 20	24 1	22 47	20 47	□			⊻				⚼	
23	13 22	8 19	21 42	0 30	24 39	23 57	20 ℞ 44		✱	☌	∠	△		☍		□
24	13 22	8 21	21 50	0 40	25 17	25 8	20 36	△			✱	⚼	☍			
25	13 22	8 23	21 57	0 49	25 55	26 18	20 22	⚼	□	⊻						△
26	13 D 22	8 25	22 5	0 59	26 33	27 29	20 2			∠	□				☍	⚼
27	13 22	8 27	22 12	1 8	27 11	28 40	19 36		△	✱		☍	⚼	⚼		
𝔖	13 22	8 29	22 20	1 18	27 49	29 ♋ 51	19 5	☍	⚼				△	△		
29	13 23	8 31	22 28	1 27	28 26	1 ♌ 2	18 27			□	△				⚼	☍
30	13 23	8 33	22 35	1 36	29 4	2 13	17 45				⚼		□	□	△	
31	13 ♐ 23	8 ♏ 35	22 ♌ 43	1 ♋ 46	29 ♊ 41	3 ♌ 24	16 ♍ 57		☍	△		⚼				

Last Quarter—August 6, 8*h*. 40*m*. *p.m.*

| 18 | | | | | SEPTEMBER, 1977 | | | | | | [*RAPHAEL'S* |

D M	Neptune.		Herschel.		Saturn.		Jupiter.		Mars.		
	Lat.	Dec.	Lat.	Dec.	Lat.	Dec.	Lat.	Dec.	Lat.	Dec.	
	° ′	° ′	° ′	° ′	° ′	° ′	° ′	° ′	° ′	° ′	° ′
1	1 N29	20 S 56	0 N24	14 S 0	1 N 3	14 N53	0 S 24	23 N 2	0 N 2	23 N29	23 N30
3	1 29	20 57	0 24	14 1	1 3	14 49	0 24	23 2	0 5	23 31	23 31
5	1 29	20 57	0 24	14 3	1 3	14 44	0 24	23 1	0 7	23 32	23 31
7	1 29	20 57	0 24	14 4	1 3	14 39	0 24	23 1	0 9	23 32	23 32
9	1 29	20 57	0 24	14 6	1 3	14 35	0 24	23 1	0 11	23 32	23 32
11	1 28	20 57	0 24	14 8	1 4	14 30	0 24	23 1	0 14	23 31	23 31
13	1 28	20 58	0 24	14 10	1 4	14 26	0 23	23 1	0 16	23 29	23 30
15	1 28	20 58	0 24	14 12	1 4	14 21	0 23	23 0	0 18	23 27	23 28
17	1 28	20 58	0 24	14 13	1 4	14 17	0 23	23 0	0 21	23 25	23 26
19	1 28	20 58	0 24	14 15	1 5	14 12	0 23	22 59	0 23	23 22	23 24
21	1 28	20 59	0 24	14 17	1 5	14 8	0 23	22 59	0 26	23 18	23 20
23	1 28	20 59	0 24	14 19	1 5	14 3	0 23	22 59	0 28	23 14	23 16
25	1 28	20 59	0 24	14 21	1 5	13 59	0 23	22 58	0 31	23 10	23 12
27	1 27	21 0	0 24	14 23	1 6	13 55	0 23	22 58	0 33	23 5	23 8
29	1 27	21 0	0 24	14 25	1 6	13 51	0 23	22 58	0 36	23 0	23 N 3
30	1 N27	21 S 0	0 N24	14 S 26	1 N 6	13 N49	0 S 23	22 N58	0 N37	22 N57	—

D M	D W	Sidereal Time	☉ Long.	☉ Dec.	☽ Long.	☽ Lat.	☽ Dec.	MIDNIGHT	
								☽ Long.	☽ Dec.
		H. M. S.	° ′ ″	° ′	° ′ ″	° ′	° ′	° ′ ″	° ′
1	TH	10 42 9	8♍55 50	8 N13	23♈20 18	0 S 42	8 N25	29♈33 1	10 N 9
2	F	10 46 5	9 53 54	7 51	5♉41 42	1 47	11 44	11♉46 50	13 11
3	S	10 50 2	10 52 1	7 29	17 48 56	2 44	14 29	23 48 34	15 36
4	♋	10 53 58	11 50 9	7 7	29 46 19	3 38	16 33	5♊42 48	17 19
5	M	10 57 55	12 48 19	6 45	11♊38 37	4 19	17 54	17 34 25	18 17
6	TU	11 1 51	13 46 31	6 23	23 30 48	4 50	18 27	29 28 21	18 26
7	W	11 5 48	14 44 46	6 0	5♋27 40	5 8	18 12	11♋29 16	17 46
8	TH	11 9 45	15 43 2	5 38	17 33 39	5 13	17 7	23 41 17	16 16
9	F	11 13 41	16 41 20	5 15	29 52 33	5 3	15 9	6♌ 7 46	14 0
10	S	11 17 38	17 39 40	4 52	12♌27 13	4 39	12 36	18 51 3	11 1
11	♋	11 21 34	18 38 2	4 30	25 19 24	4 1	9 18	1♍52 16	7 26
12	M	11 25 31	19 36 26	4 7	8♍29 36	3 9	5 28	15 11 15	3 N24
13	TU	11 29 27	20 34 52	3 44	21 57 2	2 5	1 N17	28 46 40	0 S 53
14	W	11 33 24	21 33 20	3 21	5♎39 49	0 S 53	3 S 3	12♎36 8	5 12
15	TH	11 37 20	22 31 50	2 58	19 35 13	0 N24	7 18	26 36 41	9 18
16	F	11 41 17	23 30 21	2 35	3♏40 5	1 40	11 11	10♏45 2	12 54
17	S	11 45 14	24 28 54	2 11	17 51 9	2 50	14 26	24 58 2	15 45
18	♋	11 49 10	25 27 29	1 48	2♐ 1 5	3 50	16 49	9♐12 46	17 38
19	M	11 53 7	26 26 5	1 25	16 19 58	4 36	18 9	23 26 39	18 24
20	TU	11 57 3	27 24 43	1 2	0♑32 33	5 5	18 21	7♑37 23	18 1
21	W	12 1 0	28 23 23	0 38	14 40 53	5 16	17 24	21 42 46	16 31
22	TH	12 4 56	29♍22 4	0 N15	28 42 48	5 7	15 24	5♒40 42	14 4
23	F	12 8 53	0♎20 47	0 S 8	12♒36 13	4 41	12 32	19 29 4	10 50
24	S	12 12 49	1 19 32	0 32	26 19 1	3 59	9 0	3♓ 5 49	7 4
25	♋	12 16 46	2 18 18	0 55	9♓49 16	3 4	5 3	16 29 9	3 S 0
26	M	12 20 43	3 17 7	1 18	23 5 20	1 59	0 S 55	29 37 41	1 N 9
27	TU	12 24 39	4 15 57	1 42	6♈ 6 9	0 N50	3 N12	12♈30 43	5 10
28	W	12 28 36	5 14 49	2 5	18 54 4	0 S 20	7 5	25 15 8	8 53
29	TH	12 32 32	6 13 43	2 28	1♉21 35	1 28	10 34	7♉31 26	12 7
30	F	12 36 29	7♎12 40	2 S 52	13♉38 7	2 S 31	13 N32	19♉41 57	14 N46

FULL MOON—September 27, 8*h.* 17*m. a.m.*

D M	Venus. Lat.	Venus. Dec.		Mercury. Lat.	Mercury. Dec.		☽ Node.
	° ′	° ′	° ′	° ′	° ′	° ′	° ′
1	0 S 8	18 N59		4 S 22	1 N27		16♎59
			18 N45			1 N54	
3	0 S 2	18 30		4 7	2 24		16 52
			18 15			2 56	
5	0 N 5	17 59		3 44	3 30		16 46
			17 43			4 5	
7	0 11	17 26		3 14	4 40		16 40
			17 9			5 14	
9	0 17	16 51		2 39	5 48		16 34
			16 33			6 20	
11	0 23	16 15		2 0	6 49		16 27
			15 56			7 16	
13	0 29	15 36		1 21	7 40		16 21
			15 16			8 0	
15	0 34	14 55		0 43	8 16		16 15
			14 34			8 28	
17	0 40	14 13		0 S 8	8 36		16 8
			13 51			8 40	
19	0 45	13 29		0 N24	8 39		16 2
			13 7			8 33	
21	0 50	12 44		0 51	8 24		15 56
			12 21			8 10	
23	0 55	11 57		1 13	7 53		15 49
			11 33			7 32	
25	0 59	11 9		1 30	7 7		15 43
			10 44			6 39	
27	1 3	10 19		1 42	6 9		15 37
			9 N54			5 N36	
29	1 7	9 28		1 50	5 0		15 30
			—			—	
30	1 N 9	9 N 2		1 N52	4 N23		15♎27

Mutual Aspects.

1. ☉ ⚹ ♅. 3. ☿ Q ♂, Q ♃.
4. ☿ ⊥ ♀, □ ♆, ⊻ ♇. ♀ ⊥ ♂, ⊥ ♃. ♂ ☌ ♃.
5. ☉ ☌ ☿, ⊻ ♇. ♀ □ ♅.
6. ☉ □ ♆. ☿ ⊻ ♀.
7. ☉ Q ♃.
8. ☉ P ☿. ♀ △ ♆, ⚹ ♇.
9. ☿ ⚹ ♅. 10. ☉ Q ♂.
12. ☿ ⚹ ♂.
13. ☿ ⊥ ♇. ♀ ∠ ♃.
14. ☿ Stat.
16. ☿ ⊥ ♇. ♂ △ ♅.
17. ☉ ⊻ ♄, ∠ ♅. ♀ P ♄, P ♅. ♂ ∠ ♄.
18. ♀ ☌ ♄. ♄ P ♅.
19. ♀ ∠ ♂.
20. ☉ ⊻ ♀. ☿ ⚹ ♅. ♀ Q ♅.
21. ♀ ∠ ♇. 23. ♂ □ ♇.
24. ☉ ⊥ ♄, Q ♆. ☿ ⚹ ♂, □ ♆, ⊻ ♇. ♂ ⊽ ♆.
26. ☿ Q ♃. ♀ ⚹ ♃. ♆ ⚹ ♇.
27. ☉ ⊥ ♅.
28. ☉ □ ♃. ♀ ⊥ ♇, P ♇.
30. ♀ ⚹ ♅. ♂ P ♃.

D M	♆ Long.	♅ Long.	♄ Long.	♃ Long.	♂ Long.	♀ Long.	☿ Long.	Lunar Aspects. ☉	♇	♆	♅	♄	♃	♂	♀	☿
	° ′	° ′	° ′	° ′	° ′	° ′	° ′									
1	13♐23	8♏38	22♌50	1♋54	0♋18	4♌35	16♍ 6	⚼		⚼		△				
2	13 23	8 40	22 58	2 3	0 55	5 47	15 ℞11	△			☍		⚹	⚹	□	⚼
3	13 24	8 42	23 5	2 12	1 32	6 58	14 14					□	∠	∠		△
𝔖	13 24	8 45	23 13	2 20	2 9	8 10	13 16		⚼				⊻	⊻		
5	13 24	8 47	23 20	2 29	2 45	9 21	12 18	□	△	☍					⚹	□
6	13 25	8 50	23 27	2 37	3 22	10 33	11 21				⚼	⚹			∠	
7	13 25	8 52	23 35	2 45	3 58	11 45	10 27				△	∠	☌	☌		⚹
8	13 26	8 55	23 42	2 53	4 34	12 57	9 37	⚹	□						⊻	
9	13 26	8 58	23 49	3 1	5 10	14 9	8 52	∠		⚼		⊻	⊻	⊻		∠
10	13 27	9 0	23 57	3 9	5 46	15 21	8 13	⊻	⚹	△	□		∠		☌	⊻
𝔖	13 27	9 3	24 4	3 17	6 22	16 33	7 41		∠			☌		∠		
12	13 28	9 6	24 11	3 24	6 58	17 45	7 18		⊻	□	⚹		⚹	⚹		☌
13	13 28	9 8	24 18	3 32	7 33	18 57	7 3	☌			∠	⊻			⊻	
14	13 29	9 11	24 25	3 39	8 8	20 9	6 57				⊻	∠	□	□	∠	⊻
15	13 30	9 14	24 32	3 46	8 44	21 22	7 D 0	⊻	☌	⚹		⚹			⚹	∠
16	13 30	9 17	24 40	3 53	9 18	22 34	7 14	∠		∠	☌		△	△		⚹
17	13 31	9 20	24 47	4 0	9 53	23 47	7 36		⊻	⊻		□	⚼		□	
𝔖	13 32	9 23	24 54	4 6	10 28	24 59	8 7	⚹	∠					⚼		□
19	13 33	9 26	25 1	4 12	11 2	26 12	8 47		⚹	☌	⊻					
20	13 33	9 29	25 8	4 19	11 37	27 25	9 36	□			∠	△	☍		△	
21	13 34	9 32	25 14	4 25	12 11	28 38	10 33		□	⊻	⚹	⚼		☍	⚼	△
22	13 35	9 35	25 21	4 31	12 45	29♌51	11 37	△		∠						⚼
23	13 36	9 38	25 28	4 37	13 19	1♍ 4	12 48	⚼	△	⚹	□					
24	13 37	9 41	25 35	4 42	13 52	2 17	14 4		⚼			☍	⚼	⚼	☍	
𝔖	13 38	9 44	25 41	4 48	14 26	3 30	15 26			□	△		△	△		☍
26	13 39	9 47	25 48	4 53	14 59	4 43	16 53				⚼					
27	13 40	9 50	25 55	4 58	15 32	5 56	18 24	☍				⚼	□			
28	13 41	9 54	26 1	5 3	16 5	7 9	19 59		☍	△				□	⚼	
29	13 42	9 57	26 8	5 8	16 38	8 22	21 36			⚼		△	⚹			⚼
30	13♐43	10♏ 0	26♌14	5♋13	17♋10	9♍36	23♍16				☍			⚹	△	

LAST QUARTER—September 5, 2*h.* 33*m. p.m.*

| 20 | | | | | OCTOBER, 1977 | | | | | | [RAPHAEL'S |

D M	Neptune.		Herschel.		Saturn.		Jupiter.		Mars.	
	Lat.	Dec.	Lat.	Dec.	Lat.	Dec.	Lat.	Dec.	Lat.	Dec.
1	1 N27	21 S 1	0 N24	14 S 28	1 N 6	13 N47	0 S 23	22 N58	0 N38	22 N54	22 N52
3	1 27	21 1	0 24	14 30	1 7	13 43	0 23	22 57	0 41	22 49	22 45
5	1 27	21 1	0 24	14 32	1 7	13 39	0 23	22 57	0 44	22 42	22 39
7	1 27	21 2	0 24	14 34	1 7	13 35	0 22	22 57	0 47	22 36	22 32
9	1 27	21 2	0 24	14 36	1 8	13 31	0 22	22 57	0 50	22 29	22 26
11	1 27	21 3	0 24	14 38	1 8	13 27	0 22	22 57	0 53	22 22	22 18
13	1 27	21 3	0 24	14 41	1 8	13 24	0 22	22 56	0 56	22 15	22 11
15	1 27	21 3	0 24	14 43	1 9	13 20	0 22	22 56	0 59	22 8	22 4
17	1 27	21 4	0 24	14 45	1 9	13 17	0 22	22 56	1 2	22 0	21 56
19	1 26	21 4	0 23	14 47	1 9	13 13	0 22	22 56	1 5	21 53	21 49
21	1 26	21 5	0 23	14 50	1 10	13 10	0 22	22 56	1 8	21 45	21 41
23	1 26	21 5	0 23	14 52	1 10	13 7	0 22	22 56	1 12	21 37	21 33
25	1 26	21 6	0 23	14 54	1 10	13 4	0 21	22 57	1 15	21 30	21 26
27	1 26	21 6	0 23	14 57	1 11	13 1	0 21	22 57	1 19	21 22	21 18
29	1 26	21 7	0 23	14 59	1 11	12 58	0 21	22 57	1 22	21 15	21 11
31	1 N26	21 S 7	0 N23	15 S 1	1 N12	12 N56	0 S 21	22 N57	1 N26	21 N 7	21 N11

D M	D W	Sidereal Time	☉ Long.	☉ Dec.	☽ Long.	☽ Lat.	☽ Dec.	MIDNIGHT	
								☽ Long.	☽ Dec.
		H. M. S.	° ′ ″	° ′	° ′ ″	° ′	° ′	° ′ ″	° ′
1	S	12 40 25	8≏11 39	3 S 15	25♉ 43 17	3 S 26	15 N51	1♊42 32	16 N45
2	☽	12 44 22	9 10 40	3 38	7♊40 9	4 12	17 27	13 36 37	17 58
3	M	12 48 18	10 9 43	4 1	19 32 27	4 46	18 16	25 28 12	18 23
4	Tu	12 52 15	11 8 48	4 25	1♋24 25	5 8	18 18	7♋21 42	18 0
5	W	12 56 11	12 7 56	4 48	13 20 38	5 17	17 31	19 21 46	16 49
6	Th	13 0 8	13 7 6	5 11	25 25 43	5 12	15 56	1♌33 1	14 52
7	F	13 4 5	14 6 19	5 34	7♌44 12	4 53	13 36	13 59 44	12 11
8	S	13 8 1	15 5 33	5 57	20 20 4	4 20	10 36	26 45 34	8 52
9	☽	13 11 58	16 4 50	6 20	3♍16 32	3 33	7 0	9♍53 8	5 1
10	M	13 15 54	17 4 9	6 42	16 35 29	2 33	2 N57	23 23 33	0 N49
11	Tu	13 19 51	18 3 31	7 5	0≏17 13	1 22	1 S 22	7≏16 12	3 S 34
12	W	13 23 47	19 2 54	7 28	14 20 8	0 S 5	5 44	21 28 30	7 51
13	Th	13 27 44	20 2 20	7 50	28 40 42	1 N14	9 51	5♏56 1	11 44
14	F	13 31 40	21 1 47	8 12	13♏13 43	2 29	13 26	20 32 57	14 56
15	S	13 35 37	22 1 17	8 35	27 52 56	3 35	16 12	5♐12 49	17 11
16	☽	13 39 34	23 0 48	8 57	12♐31 51	4 27	17 53	19 49 20	18 17
17	M	13 43 30	24 0 21	9 19	27 4 36	5 1	18 23	4♑17 8	18 11
18	Tu	13 47 27	24 59 56	9 41	11♑26 29	5 20	17 42	18 32 18	16 56
19	W	13 51 23	25 59 33	10 2	25 34 21	5 12	15 55	2≈32 28	14 41
20	Th	13 55 20	26 59 11	10 24	9≈26 35	4 49	13 14	16 16 40	11 38
21	F	13 59 16	27 58 51	10 45	23 2 45	4 11	9 53	29 44 56	8 2
22	S	14 3 13	28 58 33	11 7	6✕23 18	3 19	6 5	12✕57 59	4 S 5
23	☽	14 7 9	29≏58 16	11 28	19 29 6	2 18	2 S 3	25 56 49	0 0
24	M	14 11 6	0♏58 1	11 49	2♈21 14	1 11	2 N 1	8♈42 31	4 N 1
25	Tu	14 15 3	1 57 48	12 9	15 0 47	0 N 2	5 56	21 16 9	7 47
26	W	14 18 59	2 57 37	12 30	27 28 47	1 S 7	9 32	3♉38 47	11 10
27	Th	14 22 56	3 57 28	12 50	9♉46 19	2 11	12 40	15 51 32	14 1
28	F	14 26 52	4 57 21	13 10	21 54 36	3 8	15 13	27 55 45	16 13
29	S	14 30 49	5 57 15	13 30	3♊55 10	3 57	17 3	9♊53 9	17 42
30	☽	14 34 45	6 57 12	13 50	15 49 58	4 34	18 8	21 45 57	18 23
31	M	14 38 42	7♏57 11	14 S 10	27♊41 28	5 S 0	18 N25	3♋36 56	18 N16

FIRST QUARTER—October 19, 0h. 46m. p.m.

Full Moon—October 26, 11*h*. 35*m*. *p.m.*

D M	Venus Lat.	Venus Dec.	Venus Dec.	Mercury Lat.	Mercury Dec.	Mercury Dec.	☽ Node.
	° ′	° ′	° ′	° ′	° ′	° ′	° ′
1	1 N11	8 N36	8 N10	1 N54	3 N44	3 N 4	15♎24
3	1 15	7 43	7 16	1 54	2 22	1 39	15 18
5	1 18	6 49	6 22	1 52	0 N55	0 N11	15 11
7	1 21	5 55	5 27	1 46	0 S 34	1 S 19	15 5
9	1 24	4 59	4 31	1 39	2 4	2 50	14 59
11	1 26	4 3	3 34	1 31	3 35	4 20	14 52
13	1 28	3 6	2 37	1 21	5 5	5 50	14 46
15	1 30	2 9	1 40	1 10	6 35	7 19	14 39
17	1 31	1 11	0 N42	0 58	8 2	8 46	14 33
19	1 32	0 N13	0 S 16	0 45	9 28	10 10	14 27
21	1 33	0 S 45	1 14	0 32	10 52	11 33	14 20
23	1 34	1 44	2 13	0 19	12 13	12 52	14 14
25	1 34	2 42	3 11	0 N 5	13 31	14 9	14 8
27	1 34	3 40	4 9	0 S 8	14 47	15 23	14 1
29	1 34	4 38	5 S 7	0 22	15 59	16 S 34	13 55
31	1 N33	5 S 36		0 S 35	17 S 8		13♎49

Mutual Aspects.

1. ☉ P ☿. ☿ ∠ ♅.
2. ☿ ⊻ ♄.
3. ☉ ⊻ ♅. ♀ □ ♆.
4. ♀ ⊻ ♇. [♆. ♂ ± ♆.
5. ☉ ∠ ♄. ☿ Q ♂, ⊥ ♄, Q
6. ☿ ⊥ ♅.
7. ☉ P ♀, ✳ ♆, ☌ ♇. ☿ □ [♃. ♀ Q ♃. ♂ ⊥ ♄.
10. ☿ ⊻ ♅.
11. ☿ P ♀, ∠ ♄. ♀ ✳ ♂.
12. ☿ ✳ ♆, ☌ ♇. 13. ♀ ∠ ♅.
15. ♀ ⊻ ♄.
18. ☉ ☌ ☿, P ♇. ♀ Q ♆.
19. ☿ □ ♂, P ♇.
20. ☉ □ ♂. ☿ ✳ ♄. ♀ ⊥ ♄.
21. ☉ P ☿, ✳ ♄. ☿ ∠ ♆. ♀
22. ☉ ∠ ♆. ♀ □ ♃. [⊥ ♅.
23. ♂ ⊻ ♄.
24. ☿ P ♄. ♃ Stat.
25. ☿ △ ♃. ♂ ⚼ ♆.
26. ☿ ⊥ ♆. ♀ Q ♂, ⊻ ♅.
27. ☿ P ♅. [∠ ♄, ✳ ♆.
28. ☉ P ♄. ☿ Q ♄, ☌ ♅. ♀
29. ☉ △ ♃. ♀ ☌ ♇.
30. ☿ ⊻ ♆, ⊻ ♇.
31. ♂ P ♆.

D M	♆ Long.	♅ Long.	♄ Long.	♃ Long.	♂ Long.	♀ Long.	☿ Long.	☉	♇	♆	♅	♄	♃	♂	♀	☿
	° ′	° ′	° ′	° ′	° ′	° ′	° ′									
1	13♐44	10♏ 4	26♌20	5♋17	17♋42	10♍49	24♍58	⚼	⚼			□	∠			△
𝕾	13 46	10 7	26 27	5 22	18 14	12 2	26 42	△					⊻	∠	□	
3	13 47	10 10	26 33	5 26	18 46	13 16	28♍26		△	☍	⚼			⊻		
4	13 48	10 14	26 39	5 30	19 18	14 30	0♎12					✳	☌			□
5	13 49	10 17	26 46	5 33	19 49	15 44	1 58	□	□		△	∠			✳	
6	13 51	10 20	26 52	5 37	20 21	16 57	3 44			⚼		⊻		☌		
7	13 52	10 24	26 58	5 40	20 52	18 11	5 31			△	□		⊻		∠	✳
8	13 53	10 27	27 4	5 44	21 22	19 25	7 17	✳	✳				∠	⊻	⊻	∠
𝕾	13 55	10 31	27 10	5 47	21 53	20 39	9 4	∠	∠			☌	✳	∠		
10	13 56	10 34	27 16	5 49	22 23	21 53	10 50	⊻	⊻	□	✳			✳	☌	⊻
11	13 57	10 38	27 21	5 52	22 53	23 7	12 36				∠	⊻	□			
12	13 59	10 41	27 27	5 54	23 23	24 21	14 21	●	☌	✳	⊻	∠				☌
13	14 0	10 45	27 33	5 57	23 53	25 35	16 6			∠		✳		□	⊻	
14	14 2	10 48	27 38	5 59	24 22	26 49	17 50		⊻	⊻	☌		△		∠	⊻
15	14 3	10 52	27 44	6 1	24 51	28 4	19 33	⊻	∠			□	⚼	△	✳	
𝕾	14 5	10 56	27 49	6 2	25 20	29♍18	21 16	∠	✳	☌	⊻			⚼		∠
17	14 7	10 59	27 55	6 4	25 49	0♎32	22 59	✳			∠	△			□	✳
18	14 8	11 3	28 0	6 5	26 17	1 46	24 40		□	⊻	✳	⚼	☍			
19	14 10	11 7	28 5	6 6	26 46	3 1	26 21	□		∠				☍		□
20	14 12	11 10	28 11	6 7	27 14	4 15	28 2		△	✳	□				△	
21	14 13	11 14	28 16	6 8	27 41	5 30	29♎42	△	⚼			☍	⚼		⚼	
22	14 15	11 18	28 21	6 8	28 8	6 44	1♏21				△		△			△
𝕾	14 17	11 21	28 26	6 8	28 34	7 58	3 0	⚼		□				⚼		⚼
24	14 18	11 25	28 30	6 ℞ 9	29 0	9 13	4 38				⚼		□	△		
25	14 20	11 29	28 35	6 8	29 27	10 28	6 15		☍	△		⚼			☍	
26	14 22	11 32	28 40	6 8	29♋53	11 42	7 52	☍		⚼		△		□		
27	14 24	11 36	28 45	6 8	0♌18	12 57	9 28				☍		✳			☍
28	14 26	11 40	28 49	6 7	0 43	14 12	11 4						∠			
29	14 27	11 44	28 54	6 6	1 8	15 26	12 40		⚼			□	⊻	✳	⚼	
𝕾	14 29	11 47	28 58	6 5	1 33	16 41	14 14		△	☍				∠	△	
31	14♐31	11♏51	29♌ 2	6♋ 4	1♌57	17♎56	15♏49	⚼			⚼	✳		⊻		⚼

Last Quarter—October 5, 9*h*. 21*m*. *a.m.*

| 22 | | | | | NOVEMBER, 1977 | | | | | | | [*RAPHAEL'S* |

D M	Neptune.		Herschel.		Saturn.		Jupiter.		Mars.		
	Lat.	Dec.	Lat.	Dec.	Lat.	Dec.	Lat.	Dec.	Lat.	Dec.	
	° '	° '	° '	° '	° '	° '	° '	° '	° '	° '	° '
1	1 N26	21 S 8	0 N23	15 S 3	1 N12	12 N54	0 S 21	22 N57	1 N28	21 N 4	
3	1 26	21 8	0 23	15 5	1 12	12 52	0 21	22 58	1 31	20 57	21 N 0
5	1 26	21 9	0 23	15 7	1 13	12 49	0 21	22 58	1 35	20 50	20 53
7	1 26	21 9	0 23	15 9	1 13	12 47	0 21	22 58	1 39	20 43	20 46
9	1 26	21 10	0 23	15 12	1 13	12 45	0 20	22 59	1 43	20 37	20 40
											20 34
11	1 26	21 10	0 23	15 14	1 14	12 43	0 20	22 59	1 47	20 31	20 28
13	1 26	21 11	0 23	15 16	1 14	12 42	0 20	23 0	1 51	20 25	20 22
15	1 26	21 11	0 23	15 19	1 15	12 40	0 20	23 0	1 55	20 20	20 17
17	1 26	21 12	0 23	15 21	1 15	12 38	0 20	23 1	2 0	20 15	20 13
19	1 25	21 12	0 23	15 23	1 16	12 37	0 20	23 1	2 4	20 11	20 9
21	1 25	21 13	0 23	15 25	1 16	12 36	0 19	23 2	2 9	20 8	20 6
23	1 25	21 13	0 23	15 27	1 16	12 35	0 19	23 2	2 13	20 5	20 3
25	1 25	21 14	0 23	15 30	1 17	12 34	0 19	23 3	2 18	20 2	20 1
27	1 25	21 14	0 23	15 32	1 17	12 33	0 19	23 4	2 23	20 0	20 N 0
29	1 25	21 15	0 23	15 34	1 18	12 32	0 19	23 4	2 28	19 59	
30	1 N25	21 S 15	0 N23	15 S 35	1 N18	12 N32	0 S 18	23 N 5	2 N30	19 N59	—

D M	D W	Sidereal Time	☉ Long.	☉ Dec.	☽ Long.	☽ Lat.	☽ Dec.	MIDNIGHT	
								☽ Long.	☽ Dec.
		H. M. S.	° ' "	° '	° ' "	° '	° '	° ' "	° '
1	Tu	14 42 38	8 ♏ 57 12	14 S 29	9 ♋ 32 46	5 S 13	17 N54	15 ♋ 29 27	17 N20
2	W	14 46 35	9 57 15	14 48	21 27 30	5 12	16 35	27 27 27	15 39
3	Th	14 50 32	10 57 21	15 7	3 ♌ 29 50	4 58	14 33	9 ♌ 35 16	13 16
4	F	14 54 28	11 57 28	15 25	15 44 19	4 30	11 49	21 57 32	10 14
5	S	14 58 25	12 57 37	15 44	28 15 31	3 49	8 30	4 ♍ 38 46	6 39
6	☉	15 2 21	13 57 49	16 2	11 ♍ 7 48	2 55	4 41	17 43 2	2 N39
7	M	15 6 18	14 58 2	16 20	24 24 46	1 50	0 N32	1 ♎ 13 16	1 S 38
8	Tu	15 10 14	15 58 18	16 37	8 ♎ 5 36	0 S 38	3 S 48	15 10 42	5 58
9	W	15 14 11	16 58 35	16 54	22 19 20	0 N40	8 4	29 34 6	10 5
10	Th	15 18 7	17 58 54	17 11	6 ♏ 54 23	1 57	11 59	14 ♏ 19 23	13 42
11	F	15 22 4	18 59 16	17 28	21 48 10	3 7	15 12	29 19 38	16 27
12	S	15 26 0	19 59 38	17 44	6 ♐ 52 35	4 6	17 25	14 ♐ 25 47	18 5
13	☉	15 29 57	21 0 3	18 0	21 58 2	4 47	18 26	29 28 7	18 26
14	M	15 33 54	22 0 29	18 16	6 ♑ 55 1	5 8	18 18	8 ♑ 17 47	17 31
15	Tu	15 37 50	23 0 56	18 32	21 35 40	5 8	16 38	28 48 6	15 29
16	W	15 41 47	24 1 25	18 47	5 ♒ 54 44	4 49	14 7	12 ♒ 55 19	12 34
17	Th	15 45 43	25 1 55	19 1	19 49 50	4 14	10 51	26 38 21	9 1
18	F	15 49 40	26 2 26	19 16	3 ♓ 21 8	3 25	7 5	9 ♓ 58 24	5 6
19	S	15 53 36	27 2 58	19 30	16 30 32	2 26	3 S 5	22 57 55	1 S 2
20	☉	15 57 33	28 3 32	19 44	29 20 58	1 22	0 N59	5 ♈ 40 7	2 N59
21	M	16 1 30	29 ♏ 4 6	19 57	11 ♈ 55 45	0 N14	4 56	18 8 16	6 49
22	Tu	16 5 26	0 ♐ 4 43	20 10	24 18 2	0 S 52	8 37	0 ♉ 25 23	10 18
23	W	16 9 23	1 5 20	20 23	6 ♉ 30 36	1 56	11 52	12 33 59	13 18
24	Th	16 13 19	2 5 58	20 35	18 35 45	2 53	14 35	24 36 7	15 42
25	F	16 17 16	3 6 38	20 47	0 ♊ 35 17	3 42	16 39	6 ♊ 33 27	17 25
26	S	16 21 12	4 7 20	20 58	12 30 45	4 21	17 59	18 27 24	18 21
27	☉	16 25 9	5 8 2	21 9	24 23 43	4 48	18 31	0 ♋ 19 16	18 29
28	M	16 29 5	6 8 47	21 20	6 ♋ 15 13	5 3	18 15	12 11 11	17 49
29	Tu	16 33 2	7 9 32	21 30	18 7 38	5 4	17 11	24 4 52	16 22
30	W	16 36 59	8 ♐ 10 19	21 S 40	0 ♌ 3 14	4 S 53	15 N22	6 ♌ 3 11	14 N12

Full Moon—November 25, 5*h.* 31*m. p.m.*

D M	Venus Lat.	Venus Dec.		Mercury Lat.	Mercury Dec.		☽ Node.
	° ′	° ′	° ′	° ′	° ′	° ′	° ′
1	1 N33	6 S 4	6 S 33	0 S 42	17 S 41	18 S 13	13♎45
3	1 32	7 2	7 30	0 54	18 45	19 15	13 39
5	1 31	7 58	8 26	1 7	19 45	20 14	13 33
7	1 29	8 54	9 22	1 19	20 41	21 8	13 26
9	1 28	9 49	10 16	1 30	21 33	21 58	13 20
11	1 26	10 43	11 10	1 41	22 21	22 44	13 14
13	1 23	11 36	12 3	1 51	23 5	23 25	13 7
15	1 21	12 29	12 54	2 1	23 44	24 1	13 1
17	1 18	13 19	13 44	2 9	24 18	24 33	12 55
19	1 15	14 9	14 34	2 16	24 47	24 59	12 48
21	1 12	14 58	15 21	2 21	25 11	25 21	12 42
23	1 9	15 44	16 7	2 25	25 29	25 36	12 36
25	1 5	16 29	16 51	2 28	25 42	25 47	12 29
27	1 1	17 13	17 S 34	2 28	25 50	25 S 51	12 23
29	0 58	17 54	—	2 26	25 51	—	12 16
30	0 N56	18 S 15		2 S 24	25 S 50		12♎13

Mutual Aspects.

1. ⊙ ⊥ ♆. [♇. ♂ Q ♇.
3. ⊙ Q ♄, P ♅. ☿ ⚼ ♃, ⊥
4. ⊙ ☌ ♅. [♂.
7. ⊙ ⊻ ♆, ⊻ ♇. ☿ ⊻ ♀, P
8. ☿ P ♆. ♀ P ♇. [♄.
9. ☿ ± ♃, □ ♄, ∠ ♇. ♀ ✱
10. ♀ ∠ ♆. ♂ ⊻ ♃. [♃.
13. ⊙ ⚼ ♃, ⊥ ♇. ☿ ∇ ♃, P
14. ☿ △ ♂. ♀ △ ♃.
15. ♀ P ♄. 16. ♀ □ ♂.
17. ♀ ⊥ ♆. 18. ☿ ⊻ ♅.
19. ♀ Q ♄.
20. ☿ ☌ ♆, ✱ ♇. ♀ ☌ ♅.
21. ⊙ ± ♃.
22. ⊙ P ♂, □ ♄. ☿ ⊥ ♅. ♀
[P ♅, ⊻ ♆, ⊻ ♇.
23. ⊙ ∠ ♇. 25. ♀ ⚼ ♃.
26. ⊙ ∇ ♃.
27. ⊙ P ♆. ☿ ⚼ ♂. ♀ ⊥ ♇.
28. ♂ ⊥ ♃.
29. ☿ Q ♇.
30. ☿ ∠ ♅.

D M	♆ Long.	♅ Long.	♄ Long.	♃ Long.	♂ Long.	♀ Long.	☿ Long.	Lunar Aspects ⊙	♇	♆	♅	♄	♃	♂	♀	☿
	° ′	° ′	° ′	° ′	° ′	° ′	° ′									
1	14♐33	11♏55	29♌ 6	6♋ 2	2♌21	19♎11	17♏23	△	□		△	∠	☌			
2	14 35	11 59	29 11	6 ℞ 0	2 44	20 26	18 56								□	△
3	14 37	12 2	29 15	5 58	3 8	21 40	20 30			⚼		⊻	⊻	☌		
4	14 39	12 6	29 19	5 56	3 30	22 55	22 2	□	✱	△	□		∠			
5	14 41	12 10	29 22	5 54	3 53	24 10	23 34		∠			☌		⊻	✱	□
S	14 43	12 14	29 26	5 52	4 15	25 25	25 6	✱	⊻	□	✱		✱		∠	
7	14 45	12 17	29 30	5 49	4 36	26 40	26 38	∠			∠	⊻		∠	⊻	✱
8	14 47	12 21	29 33	5 46	4 57	27 55	28 9			✱	⊻	∠	□	✱		∠
9	14 49	12 25	29 37	5 43	5 18	29♎10	29♏40	⊻	☌							
10	14 51	12 29	29 40	5 39	5 38	0♏25	1♐10			∠	☌	✱	△	□	●	⊻
11	14 53	12 32	29 44	5 36	5 58	1 40	2 40	☌	⊻	⊻			⚼			
12	14 55	12 36	29 47	5 32	6 17	2 56	4 10		∠		⊻	□		△	⊻	☌
S	14 57	12 40	29 50	5 28	6 36	4 11	5 39	⊻	✱	☌	∠			⚼	∠	
14	14 59	12 44	29 53	5 24	6 55	5 26	7 8	∠			✱	△	☍		✱	⊻
15	15 2	12 47	29 56	5 20	7 12	6 41	8 36	✱	□	⊻		⚼				∠
16	15 4	12 51	29♌58	5 16	7 30	7 56	10 4			∠	□			☍	□	✱
17	15 6	12 55	0♍ 1	5 11	7 47	9 12	11 32	□	△	✱			⚼			
18	15 8	12 58	0 4	5 6	8 3	10 27	12 58		⚼			☍	△			
19	15 10	13 2	0 6	5 1	8 19	11 42	14 25			□	△				△	□
S	15 12	13 6	0 8	4 56	8 34	12 57	15 50	△			⚼		□	⚼	⚼	
21	15 15	13 9	0 11	4 51	8 49	14 12	17 15	⚼	☍	△		⚼		△		△
22	15 17	13 13	0 13	4 46	9 4	15 28	18 39			⚼		△				
23	15 19	13 17	0 15	4 40	9 17	16 43	20 2						✱	□		⚼
24	15 21	13 20	0 17	4 34	9 30	17 58	21 24				☍		∠		☍	
25	15 23	13 24	0 19	4 28	9 43	19 13	22 46	☍	⚼			□	⊻			
26	15 26	13 28	0 20	4 22	9 55	20 29	24 5		△	☍				✱		
S	15 28	13 31	0 22	4 16	10 6	21 44	25 23				⚼			∠		☍
28	15 30	13 35	0 23	4 10	10 17	23 0	26 39					✱	☌	⊻	⚼	
29	15 32	13 38	0 25	4 3	10 27	24 15	27 54	⚼	□		△	∠				
30	15♐34	13♏42	0♍26	3♋57	10♌36	25♏30	29♐ 6			⚼		⊻	⊻		△	

Last Quarter—November 4, 3*h.* 58*m. a.m.*

24						DECEMBER, 1977							[RAPHAEL'S

D	Neptune.		Herschel.		Saturn.		Jupiter.		Mars.	
M	Lat.	Dec.	Lat.	Dec.	Lat.	Dec.	Lat.	Dec.	Lat.	Dec.
	° ′	° ′	° ′	° ′	° ′	° ′	° ′	° ′	° ′	° ′
1	1 N25	21 S 15	0 N23	15 S 36	1 N18	12 N32	0 S 18	23 N 5	2 N33	19 N59
3	1 25	21 16	0 23	15 38	1 19	12 32	0 18	23 5	2 38	20 0	19 N59
5	1 25	21 16	0 23	15 40	1 19	12 32	0 18	23 6	2 43	20 1	20 0
7	1 25	21 17	0 23	15 42	1 20	12 32	0 18	23 7	2 48	20 3	20 2
9	1 25	21 17	0 23	15 44	1 20	12 32	0 17	23 7	2 53	20 7	20 5 / 20 9
11	1 25	21 18	0 23	15 46	1 21	12 32	0 17	23 8	2 58	20 11	20 13
13	1 25	21 18	0 23	15 48	1 21	12 33	0 17	23 8	3 4	20 16	20 19
15	1 25	21 18	0 23	15 50	1 21	12 33	0 17	23 9	3 9	20 22	20 25
17	1 25	21 19	0 23	15 52	1 22	12 34	0 16	23 9	3 15	20 28	20 32
19	1 25	21 19	0 23	15 53	1 22	12 35	0 16	23 10	3 20	20 36	20 40
21	1 25	21 20	0 23	15 55	1 23	12 36	0 16	23 10	3 25	20 45	20 49
23	1 25	21 20	0 23	15 57	1 23	12 38	0 16	23 11	3 30	20 54	20 59
25	1 25	21 21	0 23	15 58	1 24	12 39	0 15	23 12	3 36	21 5	21 10
27	1 25	21 21	0 23	16 0	1 24	12 41	0 15	23 12	3 41	21 16	21 22
29	1 25	21 22	0 23	16 1	1 25	12 42	0 15	23 12	3 46	21 28	21 N34
31	1 N25	21 S 22	0 N23	16 S 3	1 N25	12 N44	0 S 14	23 N12	3 N51	21 N40	

D	D	Sidereal	☉	☉	☽	☽	☽	MIDNIGHT	
M	W	Time	Long.	Dec.	Long.	Lat.	Dec.	☽ Long.	☽ Dec.
		H. M. S.	° ′ ″	° ′	° ′ ″	° ′	° ′	° ′ ″	° ′
1	TH	16 40 55	9 ♐ 11 7	21 S 50	12 ♌ 5 7	4 S 28	12 N52	18 ♌ 9 32	11 N24
2	F	16 44 52	10 11 57	21 59	24 16 58	3 51	9 47	0 ♍ 27 57	8 3
3	S	16 48 48	11 12 48	22 7	6 ♍ 43	4 3	3 6 13	2 53	4 17
4	♋	16 52 45	12 13 40	22 16	19 27 59	2 4	2 N16	25 58 55	0 N12
5	M	16 56 41	13 14 34	22 23	2 ♎ 36	12	0 S 57	1 S 55	9 ♎ 20 14	4 S 2
6	Tu	17 0 38	14 15 29	22 31	16 11 23	0 N15	6 8	23 9 49	8 12
7	W	17 4 34	15 16 25	22 38	0 ♏ 15 37	1 29	10 10	7 ♏ 28 36	12 2
8	TH	17 8 31	16 17 23	22 44	14 48 24	2 39	13 44	22 14 25	15 14
9	F	17 12 28	17 18 22	22 50	29 45 50	3 41	16 30	7 ♐ 21 33	17 29
10	S	17 16 24	18 19 22	22 57	15 ♐ 0 20	4 28	18 10	22 40 47	18 31
11	♋	17 20 21	19 20 23	23 1	0 ♑ 21 24	4 55	18 31	8 ♑ 0 42	18 11
12	M	17 24 17	20 21 24	23 5	15 37 15	5 2	17 31	23 9 43	16 34
13	Tu	17 28 14	21 22 26	23 9	0 ♒ 37	4 48	15 20	7 ♒ 58 11	13 52
14	W	17 32 10	22 23 29	23 13	15 12 36	4 15	12 13	22 19 50	10 24
15	TH	17 36 7	23 24 32	23 16	29 19 40	3 27	8 28	6 ♓ 12 8	6 28
16	F	17 40 3	24 25 36	23 19	12 ♓ 57 24	2 29	4 24	19 35 48	2 S 19
17	S	17 44 0	25 26 40	23 22	26 7 46	1 25	0 S 15	2 ♈ 33 48	1 N48
18	♋	17 47 57	26 27 44	23 23	8 ♈ 54 29	0 N18	3 N48	15 10 24	5 44
19	M	17 51 53	27 28 48	23 25	21 22 8	0 S 48	7 35	27 30 15	9 21
20	Tu	17 55 50	28 29 53	23 26	3 ♉ 35 21	1 50	10 59	9 ♉ 37 55	12 29
21	W	17 59 46	29 ♐ 30 58	23 26	15 38 28	2 47	13 52	21 37 25	15 5
22	TH	18 3 43	0 ♑ 32 4	23 26	27 35 10	3 35	16 8	3 ♊ 32 3	17 0
23	F	18 7 39	1 33 10	23 26	9 ♊ 28 24	4 14	17 41	15 24 26	18 11
24	S	18 11 36	2 34 16	23 25	21 20 24	4 41	18 29	27 16 28	18 34
25	♋	18 15 32	3 35 22	23 23	3 ♋ 12 50	4 56	18 28	9 ♋ 9 36	18 9
26	M	18 19 29	4 36 29	23 22	15 6 58	4 59	17 38	21 5 2	16 56
27	Tu	18 23 26	5 37 36	23 19	27 3 59	4 48	16 2	3 ♌ 3 59	14 58
28	W	18 27 22	6 38 44	23 16	9 ♌ 5 16	4 24	13 43	15 8 2	12 21
29	TH	18 31 19	7 39 51	23 13	21 12 36	3 48	10 49	27 19 16	9 10
30	F	18 35 15	8 40 59	23 9	3 ♍ 28 25	3 1	7 25	9 ♍ 40 26	5 34
31	S	18 39 12	9 ♑ 42 8	23 S 5	15 ♍ 55 47	2 S 5	3 N38	22 ♍ 14 57	1 N38

FIRST QUARTER—December 17, 10h. 37m. a.m.

FULL MOON—December 25, 0*h*. 49*m*. *p.m.*

D M	Venus. Lat.	Venus. Dec.		Mercury. Lat.	Mercury. Dec.		☽ Node.
	° ′	° ′	° ′	° ′	° ′	° ′	° ′
1	0 N54	18 S 34	18 S 53	2 S 21	25 S 47	25 S 43	12 ♎ 10
3	0 49	19 12	19 30	2 13	25 38	25 31	12 4
5	0 45	19 47	20 4	2 1	25 23	25 14	11 57
7	0 41	20 20	20 36	1 45	25 4	24 52	11 51
9	0 36	20 51	21 6	1 24	24 39	24 26	11 45
11	0 32	21 20	21 33	0 57	24 11	23 56	11 38
13	0 27	21 46	21 58	0 S 26	23 40	23 24	11 32
15	0 22	22 10	22 20	0 N11	23 7	22 49	11 26
17	0 17	22 30	22 40	0 50	22 31	22 13	11 19
19	0 12	22 49	22 57	1 30	21 55	21 37	11 13
21	0 8	23 4	23 11	2 6	21 20	21 4	11 7
23	0 N 3	23 17	23 22	2 35	20 49	20 36	11 0
25	0 S 2	23 26	23 30	2 55	20 25	20 16	10 54
27	0 7	23 33	23 36	3 5	20 10	20 6	10 48
29	0 12	23 37	23 S 38	3 7	20 4	20 S 5	10 41
31	0 S 16	23 S 38		3 N 1	20 S 8		10 ♎ 35

Mutual Aspects.

1. ☿ △ ♄. 2. ♀ ± ♃.
3. ☉ △ ♂.
4. ☿ ☍ ♃. ♀ □ ♄, ∠ ♇.
6. ☉ ⊻ ♅. ☿ ± ♂. ♀ P ♂,
8. ☉ ☌ ♆, ✱ ♇. [⊽ ♃.
9. ☿ ⊻ ♀.
11. ♀ P ♆. ♄ Stat.
12. ☉ ⊥ ♅. ☿ Stat. ♂ Stat.
13. ☉ P ♃. ♀ △ ♂.
15. ☉ P ☿. ☿ P ♃. ♀ ⊻ ♅.
16. ☿ ± ♂. ♀ ☌ ♆.
17. ☿ P ♀. ♀ ✱ ♇.
18. ☉ ⚼ ♂. [⊥ ♅.
20. ☉ Q ♇. ☿ ☍ ♃, △ ♄. ♀
21. ☉ ☌ ☿, ∠ ♅. ☿ ∠ ♅, P [♆.
22. ☉ △ ♄. ☿ Q ♇. ♀ P ♃.
23. ☉ ☍ ♃. ☿ P ♂.
24. ☉ P ♀. ☿ ☌ ♀, ⚼ ♂. ♀
25. ♆ ✱ ♇. [⚼ ♂.
26. ☉ ± ♂. ♀ Q ♇. [♆.
28. ♀ ☍ ♃, △ ♄, ∠ ♅. ♂ P
29. ☉ P ♃. ♃ ✱ ♄, ⚼ ♅.
30. ☿ ⊥ ♅. ♀ ± ♂.
31. ☉ ⊽ ♂

D M	♆ Long.	♅ Long.	♄ Long.	♃ Long.	♂ Long.	♀ Long.	☿ Long.	☉	♇	♆	♅	♄	♃	♂	♀	☿
	° ′	° ′	° ′	° ′	° ′	° ′	° ′	Lunar Aspects.								
1	15 ♐ 37	13 ♏ 45	0 ♍ 27	3 ♋ 50	10 ♌ 45	26 ♏ 46	0 ♑ 15	△	✱	△	□			☌		⚼
2	15 39	13 49	0 28	3 ℞43	10 53	28 1	1 21						∠		□	
3	15 41	13 52	0 29	3 36	11 0	29 ♏ 17	2 24	□	∠			☌	✱	⊻		△
𝔖	15 44	13 56	0 30	3 29	11 7	0 ♐ 32	3 23		⊻	□	✱					
5	15 46	13 59	0 31	3 22	11 13	1 47	4 17				∠	⊻	□	∠	✱	□
6	15 48	14 2	0 32	3 15	11 18	3 3	5 6	✱	☌	✱	⊻	∠		✱	∠	
7	15 50	14 6	0 32	3 7	11 23	4 18	5 49	∠		∠		✱	△		⊻	✱
8	15 53	14 9	0 32	3 0	11 26	5 34	6 25	⊻	⊻	⊻	☌		⚼	□		∠
9	15 55	14 12	0 33	2 52	11 29	6 49	6 54		∠			□				⊻
10	15 57	14 16	0 33	2 45	11 31	8 5	7 14	☌	✱	☌	⊻			△	☌	
𝔖	15 59	14 19	0 ℞33	2 37	11 33	9 20	7 25				∠	△	☍	⚼		☌
12	16 1	14 22	0 33	2 29	11 34	10 36	7 ℞26	⊻	□	⊻	✱	⚼			⊻	
13	16 4	14 25	0 33	2 21	11 ℞33	11 51	7 16	∠		∠					∠	⊻
14	16 6	14 28	0 32	2 13	11 32	13 7	6 55		△	✱	□		⚼	☍	✱	∠
15	16 8	14 32	0 32	2 5	11 31	14 22	6 22	✱	⚼			☍	△			✱
16	16 11	14 35	0 32	1 57	11 28	15 38	5 38			□	△				□	
17	16 13	14 38	0 31	1 49	11 25	16 53	4 43	□			⚼		□	⚼		
𝔖	16 15	14 41	0 30	1 41	11 20	18 8	3 38							△		□
19	16 17	14 44	0 29	1 33	11 15	19 24	2 25		☍	△		⚼			△	
20	16 20	14 47	0 28	1 25	11 10	20 40	1 ♑ 6	△		⚼		△	✱		⚼	△
21	16 22	14 50	0 27	1 17	11 3	21 55	29 ♐ 44	⚼			☍		∠	□		⚼
22	16 24	14 53	0 26	1 9	10 55	23 10	28 21		⚼			□	⊻			
23	16 26	14 56	0 25	1 0	10 47	24 26	27 1							✱		
24	16 28	14 58	0 24	0 52	10 38	25 41	25 45		△	☍				∠	☍	☍
𝔖	16 31	15 1	0 22	0 44	10 28	26 57	24 36	☍			⚼	✱	☌			
26	16 33	15 4	0 20	0 36	10 17	28 12	23 36		□		△	∠		⊻		
27	16 35	15 7	0 19	0 28	10 5	29 ♐ 28	22 46			⚼		⊻	⊻			
28	16 37	15 10	0 17	0 20	9 53	0 ♑ 44	22 6							☌		⚼
29	16 39	15 12	0 15	0 12	9 40	1 59	21 37	⚼	✱	△	□		∠		⚼	△
30	16 41	15 15	0 13	0 ♋ 4	9 26	3 14	21 18	△	∠			☌	✱	⊻	△	
31	16 ♐ 44	15 ♏ 17	0 ♍ 11	29 ♊ 56	9 ♌ 11	4 ♑ 30	21 ♐ 9		⊻	□	✱					□

LAST QUARTER—December 3, 9*h*. 16*m*. *p.m.*

JANUARY

D	⊙ (° ' ")	) (° ' ")	♂ (' ")	♀ (° ')	☿ (° ')	)Dec (° ')
1	1 1 8	11 55 22	45	1 8	0 55	1 27
2	1 1 8	12 5 1	45	1 7	1 5	0 37
3	1 1 9	12 16 48	45	1 7	1 12	0 17
4	1 1 8	12 29 41	45	1 7	1 17	1 11
5	1 1 8	12 42 45	45	1 7	1 21	2 5
6	1 1 8	12 55 17	45	1 6	1 20	2 53
7	1 1 8	13 6 56	45	1 7	1 19	3 33
8	1 1 7	13 17 43	45	1 6	1 13	4 4
9	1 1 8	13 27 57	45	1 5	1 7	4 22
10	1 1 8	13 38 7	46	1 6	0 59	4 29
11	1 1 7	13 48 35	45	1 5	0 50	4 20
12	1 1 8	13 59 29	45	1 5	0 41	3 59
13	1 1 8	14 10 21	46	1 5	0 30	3 19
14	1 1 8	14 20 8	45	1 4	0 21	2 26
15	1 1 7	14 27 19	46	1 4	0 12	1 19
16	1 1 7	14 30 6	45	1 4	0 3	0 4
17	1 1 7	14 26 59	46	1 3	0 5	1 10
18	1 1 6	14 17 13	45	1 3	0 14	2 17
19	1 1 5	14 1 13	46	1 2	0 20	3 9
20	1 1 5	13 40 21	46	1 2	0 26	3 46
21	1 1 4	13 16 48	45	1 2	0 33	4 5
22	1 1 2	12 52 57	46	1 1	0 37	4 11
23	1 1 2	12 30 56	46	1 0	0 43	5 23
24	1 1 1	12 12 29	46	1 0	0 47	5 51
25	1 1 0	11 58 45	45	1 0	0 50	5 28
26	1 0 59	11 50 24	46	1 0	0 55	2 59
27	1 0 57	11 47 41	46	1 0	0 57	2 24
28	1 0 57	11 50 28	46	0 59	1 1	1 43
29	1 0 55	11 58 16	46	0 58	1 3	0 55
30	1 0 54	12 10 21	46	0 58	1 6	0 5
31	1 0 52	12 25 36	46	0 58	1 8	0 50

FEBRUARY

D	⊙ (° ' ")	) (° ' ")	♂ (' ")	♀ (° ')	☿ (° ')	)Dec (° ')
1	1 0 52	12 42 45	46	0 56	1 10	1 45
2	1 0 50	13 0 19	46	0 57	1 11	2 36
3	1 0 49	13 16 54	46	0 55	1 14	3 22
4	1 0 48	13 31 18	46	0 55	1 15	3 58
5	1 0 47	13 42 52	46	0 55	1 17	4 22
6	1 0 45	13 51 27	47	0 54	1 18	4 31
7	1 0 45	13 57 22	46	0 53	1 20	4 26
8	1 0 44	14 1 20	46	0 52	1 21	4 4
9	1 0 42	14 4 0	46	0 51	1 22	3 29
10	1 0 42	14 5 47	47	0 51	1 23	2 38
11	1 0 41	14 6 43	46	0 50	1 24	1 36
12	1 0 39	14 6 20	46	0 49	1 26	0 27
13	1 0 39	14 3 54	47	0 49	1 26	0 44
14	1 0 37	13 58 31	46	0 47	1 28	1 50
15	1 0 35	13 49 35	47	0 47	1 28	2 46
16	1 0 35	13 36 59	46	0 46	1 30	3 27
17	1 0 33	13 21 12	47	0 44	1 30	3 55
18	1 0 31	13 3 16	46	0 44	1 32	4 8
19	1 0 30	12 44 36	46	0 42	1 32	4 9
20	1 0 27	12 26 46	47	0 41	1 34	3 57
21	1 0 27	12 11 10	47	0 41	1 34	3 38
22	1 0 24	11 59 3	46	0 39	1 36	3 11
23	1 0 22	11 51 18	47	0 37	1 36	2 37
24	1 0 21	11 48 32	46	0 37	1 37	1 57
25	1 0 18	11 51 3	47	0 35	1 38	1 13
26	1 0 17	11 58 52	47	0 33	1 40	0 23
27	1 0 15	12 11 36	46	0 32	1 40	0 28
28	1 0 13	12 28 35	47	0 31	1 41	1 21

MARCH

D	⊙ (° ' ")	) (° ' ")	♂ (' ")	♀ (° ')	☿ (° ')	)Dec (° ')
1	1 0 10	12 48 41	47	0 29	1 42	2 14
2	1 0 9	13 10 26	46	0 27	1 44	3 3
3	1 0 6	13 32 3	47	0 26	1 44	3 44
4	1 0 5	13 51 40	47	0 24	1 46	4 15
5	1 0 2	14 7 37	47	0 21	1 46	4 33
6	1 0 1	14 18 47	46	0 20	1 48	4 34
7	0 59 59	14 24 44	47	0 19	1 49	4 18
8	0 59 58	14 25 43	47	0 16	1 49	3 44
9	0 59 55	14 22 34	47	0 14	1 52	2 54
10	0 59 55	14 16 19	46	0 12	1 52	1 52
11	0 59 52	14 7 54	47	0 9	1 53	0 43
12	0 59 51	13 58 6	47	0 5	1 55	0 27
13	0 59 50	13 47 22	47	0 3	1 55	1 32
14	0 59 49	13 35 49	47	0 1	1 57	2 27
15	0 59 46	13 23 32	47	0 0	1 57	3 11
16	0 59 44	13 10 31	46	0 2	1 58	3 42
17	0 59 42	12 56 53	47	0 4	1 59	3 59
18	0 59 40	12 42 58	47	0 7	2 0	4 5
19	0 59 39	12 29 15	47	0 10	2 0	4 0
20	0 59 36	12 16 22	47	0 12	2 1	3 44
21	0 59 34	12 5 6	46	0 14	2 1	3 20
22	0 59 32	11 56 15	47	0 17	2 1	2 48
23	0 59 29	11 50 32	47	0 20	2 2	2 10
24	0 59 28	11 48 37	47	0 22	2 0	1 27
25	0 59 25	11 51 3	47	0 24	1 59	0 40
26	0 59 23	11 58 11	47	0 26	1 58	0 10
27	0 59 21	12 10 5	46	0 28	1 56	1 1
28	0 59 18	12 26 38	46	0 30	1 55	1 51
29	0 59 16	12 47 15	47	0 32	1 52	2 42
30	0 59 14	13 10 54	47	0 33	1 49	3 24
31	0 59 11	13 36 2	47	0 34	1 46	4 0

APRIL

D	⊙ (° ' ")	) (° ' ")	♂ (' ")	♀ (° ')	☿ (° ')	)Dec (° ')
1	0 59 10	14 0 40	47	0 36	1 42	4 25
2	0 59 7	14 22 34	46	0 37	1 38	4 37
3	0 59 4	14 39 30	47	0 37	1 34	4 30
4	0 59 3	14 49 45	47	0 38	1 29	4 5
5	0 59 1	14 52 28	47	0 38	1 24	3 18
6	0 59 0	14 47 50	46	0 38	1 19	2 17
7	0 58 57	14 36 51	47	0 37	1 14	1 4
8	0 58 56	14 21 17	47	0 37	1 8	0 9
9	0 58 54	14 2 56	47	0 36	1 2	1 18
10	0 58 52	13 43 35	46	0 35	0 56	2 16
11	0 58 51	13 24 50	47	0 34	0 50	3 1
12	0 58 49	13 6 37	47	0 32	0 44	3 34
13	0 58 47	12 50 26	47	0 30	0 38	3 52
14	0 58 45	12 36 6	47	0 29	0 31	4 1
15	0 58 44	12 23 38	46	0 27	0 26	3 58
16	0 58 42	12 12 59	47	0 24	0 18	3 47
17	0 58 40	12 4 5	47	0 23	0 13	3 26
18	0 58 38	11 57 2	46	0 20	0 7	2 57
19	0 58 36	11 51 58	47	0 18	0 2	2 22
20	0 58 34	11 49 12	46	0 15	0 5	1 40
21	0 58 32	11 49 5	47	0 13	0 10	0 54
22	0 58 31	11 52 4	46	0 11	0 16	0 5
23	0 58 29	11 58 38	47	0 8	0 21	0 45
24	0 58 26	12 9 2	46	0 6	0 25	1 34
25	0 58 24	12 23 48	46	0 3	0 29	2 21
26	0 58 21	12 42 38	46	0 1	0 32	3 7
27	0 58 19	13 5 15	46	0 1	0 37	3 41
28	0 58 17	13 30 43	46	0 4	0 41	4 10
29	0 58 15	13 57 34	46	0 6	0 44	4 29
30	0 58 13	14 23 36	46	0 8	0 38	4 33

MAY

D	⊙ (° ′ ″)	☽ (° ′ ″)	♂ (′ ″)	♀ (′ ″)	☿ (′ ″)	☽Dec. (° ′)
1	0 58 11	14 46 12	46	0 10	0 39	4 19
2	0 58 9	15 2 36	46	0 13	0 38	3 44
3	0 58 8	15 10 33	46	0 14	0 37	2 48
4	0 58 7	15 8 52	46	0 17	0 34	1 38
5	0 58 4	14 57 51	46	0 18	0 32	0 18
6	0 58 4	14 39 12	47	0 21	0 29	0 58
7	0 58 2	14 15 31	46	0 22	0 25	2 3
8	0 58 0	13 49 36	46	0 23	0 22	2 54
9	0 58 0	13 23 58	45	0 26	0 17	3 30
10	0 57 57	13 0 25	46	0 27	0 13	3 51
11	0 57 57	12 40 5	46	0 29	0 9	4 1
12	0 57 55	12 23 25	46	0 30	0 4	3 59
13	0 57 54	12 10 29	46	0 32	0 1	3 49
14	0 57 53	12 0 58	46	0 33	0 5	3 31
15	0 57 52	11 54 30	45	0 34	0 10	3 5
16	0 57 50	11 50 39	46	0 35	0 14	2 32
17	0 57 48	11 49 2	46	0 37	0 19	1 52
18	0 57 48	11 49 24	45	0 38	0 23	1 7
19	0 57 46	11 51 43	46	0 39	0 27	0 19
20	0 57 44	11 56 3	45	0 41	0 32	0 31
21	0 57 43	12 2 43	46	0 41	0 35	1 20
22	0 57 42	12 12 4	45	0 42	0 40	2 7
23	0 57 40	12 24 31	46	0 43	0 43	2 49
24	0 57 38	12 40 25	45	0 44	0 47	3 25
25	0 57 37	12 59 54	45	0 45	0 51	3 56
26	0 57 35	13 22 42	45	0 46	0 54	4 16
27	0 57 34	13 48 1	45	0 47	0 57	4 26
28	0 57 33	14 14 18	46	0 47	1 1	4 21
29	0 57 31	14 39 12	45	0 48	1 4	3 59
30	0 57 30	14 59 48	45	0 49	1 6	3 16
31	0 57 29	15 12 59	45	0 50	1 10	2 13

JUNE

D	⊙ (° ′ ″)	☽ (° ′ ″)	♂ (′ ″)	♀ (′ ″)	☿ (′ ″)	☽Dec. (° ′)
1	0 57 28	15 16 24	45	0 50	1 14	0 57
2	0 57 27	15 9 3	44	0 51	1 16	0 24
3	0 57 26	14 51 51	45	0 52	1 18	1 40
4	0 57 25	14 27 19	45	0 52	1 22	2 42
5	0 57 24	13 58 44	45	0 53	1 25	3 25
6	0 57 24	13 29 23	44	0 53	1 27	3 52
7	0 57 24	13 1 57	44	0 54	1 30	4 5
8	0 57 22	12 38 9	44	0 55	1 33	4 4
9	0 57 23	12 18 59	45	0 55	1 36	3 55
10	0 57 22	12 4 42	44	0 55	1 38	3 38
11	0 57 21	11 55 6	45	0 56	1 41	3 13
12	0 57 21	11 49 45	44	0 57	1 44	2 42
13	0 57 20	11 47 58	44	0 57	1 47	2 4
14	0 57 20	11 49 6	45	0 57	1 49	1 21
15	0 57 19	11 52 27	44	0 57	1 52	0 34
16	0 57 19	11 57 31	44	0 58	1 54	0 17
17	0 57 18	12 4 0	44	0 59	1 56	1 7
18	0 57 18	12 11 45	44	0 59	1 59	1 54
19	0 57 17	12 20 54	44	0 59	2 1	2 38
20	0 57 16	12 31 48	43	0 59	2 4	3 15
21	0 57 16	12 44 51	44	1 0	2 4	3 46
22	0 57 15	13 0 29	44	1 0	2 7	4 6
23	0 57 14	13 18 54	43	1 2	2 8	4 18
24	0 57 14	13 39 52	44	1 2	2 9	4 17
25	0 57 13	14 2 32	43	1 2	2 10	4 2
26	0 57 12	14 25 14	44	1 2	2 11	3 30
27	0 57 12	14 45 34	43	1 2	2 11	2 39
28	0 57 12	15 0 36	43	1 2	2 11	1 33
29	0 57 12	15 7 31	43	1 2	2 11	0 15
30	0 57 11	15 4 33	44	1 3	2 10	1 5

JULY

D	⊙ (° ′ ″)	☽ (° ′ ″)	♂ (′ ″)	♀ (′ ″)	☿ (′ ″)	☽Dec. (° ′)
1	0 57 11	14 51 31	43	1 2	2 10	2 16
2	0 57 11	14 30 5	43	1 3	2 8	3 11
3	0 57 11	14 3 8	42	1 3	2 8	3 48
4	0 57 11	13 34 0	43	1 4	2 6	4 7
5	0 57 12	13 5 44	43	1 4	2 4	4 12
6	0 57 12	12 40 32	43	1 4	2 3	4 4
7	0 57 12	12 19 54	43	1 4	2 3	3 46
8	0 57 13	12 4 27	43	1 4	2 0	3 24
9	0 57 13	11 54 20	42	1 4	1 58	2 53
10	0 57 14	11 49 16	43	1 5	1 56	2 17
11	0 57 14	11 48 40	42	1 5	1 55	1 35
12	0 57 15	11 51 46	42	1 5	1 52	0 49
13	0 57 15	11 57 47	42	1 5	1 50	0 13
14	0 57 15	12 5 49	42	1 6	1 49	0 52
15	0 57 16	12 15 9	42	1 6	1 47	1 40
16	0 57 16	12 25 11	42	1 6	1 45	2 27
17	0 57 16	12 35 37	42	1 6	1 43	3 6
18	0 57 16	12 46 26	42	1 6	1 41	3 38
19	0 57 16	12 57 50	42	1 6	1 40	4 2
20	0 57 17	13 10 14	41	1 6	1 37	4 13
21	0 57 17	13 24 1	42	1 7	1 36	4 15
22	0 57 18	13 39 19	41	1 7	1 34	4 2
23	0 57 19	13 55 49	41	1 7	1 32	3 35
24	0 57 18	14 12 38	41	1 7	1 30	2 53
25	0 57 19	14 28 10	42	1 7	1 28	1 56
26	0 57 20	14 40 15	41	1 7	1 26	0 46
27	0 57 20	14 46 39	41	1 8	1 24	0 30
28	0 57 21	14 45 34	40	1 7	1 22	1 43
29	0 57 21	14 36 18	41	1 8	1 20	2 46
30	0 57 22	14 19 33	41	1 8	1 19	3 33
31	0 57 23	13 57 10	40	1 8	1 16	4 2

AUGUST

D	⊙ (° ′ ″)	☽ (° ′ ″)	♂ (′ ″)	♀ (′ ″)	☿ (′ ″)	☽Dec. (° ′)
1	0 57 24	13 31 46	41	1 8	1 14	4 14
2	0 57 25	13 6 1	40	1 9	1 11	4 12
3	0 57 26	12 42 10	40	1 8	1 10	3 58
4	0 57 28	12 21 58	41	1 8	1 7	3 35
5	0 57 28	12 6 23	40	1 9	1 4	3 6
6	0 57 30	11 56 2	40	1 9	1 2	2 31
7	0 57 31	11 50 54	40	1 9	0 59	1 49
8	0 57 33	11 50 16	39	1 9	0 57	1 5
9	0 57 34	11 55 8	40	1 9	0 53	0 17
10	0 57 35	12 3 10	40	1 9	0 50	0 33
11	0 57 36	12 14 3	39	1 10	0 47	1 24
12	0 57 38	12 26 43	40	1 9	0 44	2 11
13	0 57 39	12 40 14	39	1 9	0 40	2 55
14	0 57 40	12 53 44	39	1 10	0 36	3 31
15	0 57 42	13 6 36	39	1 10	0 32	3 57
16	0 57 43	13 18 32	39	1 10	0 28	4 13
17	0 57 43	13 29 33	39	1 10	0 24	4 17
18	0 57 45	13 39 51	39	1 10	0 19	4 6
19	0 57 46	13 49 41	38	1 10	0 14	3 41
20	0 57 48	13 59 7	39	1 10	0 8	3 2
21	0 57 48	14 7 54	38	1 10	0 4	2 9
22	0 57 50	14 15 22	38	1 10	0 3	1 5
23	0 57 50	14 20 30	38	1 10	0 0	0 5
24	0 57 52	14 22 2	38	1 10	0 14	1 15
25	0 57 53	14 18 59	38	1 11	0 20	2 19
26	0 57 55	14 10 43	38	1 11	0 26	3 11
27	0 57 56	13 57 27	38	1 11	0 31	3 48
28	0 57 57	13 40 4	37	1 11	0 38	4 8
29	0 57 59	13 20 3	38	1 11	0 42	4 13
30	0 58 1	12 59 8	37	1 11	0 48	4 6
31	0 58 2	12 39 6	37	1 11	0 51	3 46

SEPTEMBER

D	☉ ° ′ ″	☽ ° ′ ″	♂ ′	♀ ° ′	☿ ° ′	☽ Dec. ° ′
1	0 58 4	12 21 24	37	1 12	0 55	3 19
2	0 58 7	12 7 14	37	1 11	0 57	2 45
3	0 58 8	11 57 23	37	1 12	0 58	2 4
4	0 58 10	11 52 18	36	1 11	0 58	1 21
5	0 58 12	11 52 11	37	1 12	0 57	0 33
6	0 58 15	11 56 52	36	1 12	0 54	0 15
7	0 58 16	12 5 59	36	1 12	0 50	1 5
8	0 58 18	12 18 54	36	1 12	0 45	1 53
9	0 58 20	12 34 40	36	1 12	0 39	2 38
10	0 58 22	12 52 11	36	1 12	0 32	3 18
11	0 58 24	13 10 12	36	1 12	0 23	3 50
12	0 58 26	13 27 26	35	1 12	0 15	4 11
13	0 58 28	13 42 47	35	1 12	0 6	4 20
14	0 58 30	13 55 24	36	1 13	0 3	4 15
15	0 58 31	14 4 52	34	1 12	0 14	3 53
16	0 58 33	14 11 4	35	1 13	0 22	3 15
17	0 58 35	14 14 13	35	1 12	0 31	2 23
18	0 58 36	14 14 36	34	1 13	0 40	1 20
19	0 58 38	14 12 35	35	1 13	0 49	0 12
20	0 58 40	14 8 20	34	1 13	0 57	0 57
21	0 58 41	14 1 55	34	1 13	1 4	2 0
22	0 58 43	13 53 25	34	1 13	1 11	2 52
23	0 58 45	13 42 48	33	1 13	1 16	3 32
24	0 58 46	13 30 15	34	1 13	1 22	3 57
25	0 58 49	13 16 4	33	1 13	1 27	4 1
26	0 58 50	13 0 49	33	1 13	1 31	4 7
27	0 58 52	12 45 15	33	1 13	1 35	3 53
28	0 58 54	12 30 11	33	1 13	1 37	3 29
29	0 58 57	12 16 32	32	1 14	1 40	2 58
30	0 58 59	12 5 10	32	1 13	1 42	2 19

OCTOBER

D	☉ ° ′ ″	☽ ° ′ ″	♂ ′	♀ ° ′	☿ ° ′	☽ Dec. ° ′
1	0 59 1	11 56 52	32	1 13	1 44	1 36
2	0 59 3	11 52 18	32	1 14	1 44	0 49
3	0 59 5	11 51 58	32	1 14	1 46	0 2
4	0 59 8	11 56 13	31	1 14	1 46	0 47
5	0 59 10	12 5 5	32	1 13	1 46	1 35
6	0 59 13	12 18 29	31	1 14	1 47	2 20
7	0 59 14	12 35 52	30	1 14	1 46	3 0
8	0 59 17	12 56 28	31	1 14	1 47	3 36
9	0 59 19	13 18 57	30	1 14	1 46	4 3
10	0 59 22	13 41 44	30	1 14	1 46	4 19
11	0 59 23	14 2 55	30	1 14	1 45	4 22
12	0 59 26	14 20 34	30	1 14	1 45	4 7
13	0 59 27	14 33 1	29	1 14	1 44	3 35
14	0 59 30	14 39 13	29	1 15	1 43	2 46
15	0 59 31	14 38 55	29	1 14	1 43	1 41
16	0 59 33	14 32 45	29	1 14	1 43	0 30
17	0 59 35	14 21 53	28	1 14	1 41	0 41
18	0 59 37	14 7 52	29	1 15	1 41	1 47
19	0 59 38	13 52 14	28	1 14	1 41	2 41
20	0 59 40	13 36 10	27	1 15	1 40	3 21
21	0 59 42	13 20 33	27	1 14	1 39	3 48
22	0 59 43	13 5 48	26	1 14	1 39	4 2
23	0 59 45	12 52 8	26	1 15	1 38	4 4
24	0 59 47	12 39 33	27	1 15	1 37	3 55
25	0 59 49	12 28 0	26	1 14	1 37	3 36
26	0 59 51	12 17 32	25	1 15	1 36	3 8
27	0 59 53	12 8 17	25	1 15	1 36	2 33
28	0 59 54	12 0 34	25	1 14	1 36	1 50
29	0 59 57	11 54 48	25	1 15	1 34	1 5
30	0 59 59	11 51 30	25	1 15	1 35	0 17
31	1 0 1	11 51 18	24	1 15	1 34	0 31

NOVEMBER

D	☉ ° ′ ″	☽ ° ′ ″	♂ ′	♀ ° ′	☿ ° ′	☽ Dec. ° ′
1	1 0 3	11 54 44	23	1 15	1 33	1 19
2	1 0 6	12 2 20	24	1 14	1 34	2 2
3	1 0 7	12 14 29	22	1 15	1 32	2 44
4	1 0 9	12 31 12	23	1 15	1 32	3 19
5	1 0 12	12 52 17	22	1 15	1 32	3 49
6	1 0 13	13 16 58	21	1 15	1 32	4 9
7	1 0 16	13 43 50	21	1 15	1 31	4 20
8	1 0 17	14 10 44	21	1 15	1 31	4 16
9	1 0 19	14 35 3	20	1 15	1 30	3 55
10	1 0 22	14 53 47	20	1 15	1 30	3 13
11	1 0 22	15 4 25	19	1 16	1 30	2 13
12	1 0 25	15 5 27	19	1 15	1 29	1 1
13	1 0 26	14 56 59	19	1 15	1 29	0 18
14	1 0 27	14 40 39	17	1 15	1 28	1 30
15	1 0 27	14 19 4	18	1 15	1 28	2 31
16	1 0 30	13 55 6	17	1 15	1 28	3 16
17	1 0 31	13 31 18	16	1 15	1 26	3 46
18	1 0 32	13 9 24	16	1 15	1 27	4 0
19	1 0 34	12 50 26	15	1 15	1 25	4 4
20	1 0 34	12 34 47	15	1 15	1 25	3 57
21	1 0 37	12 22 17	15	1 16	1 24	3 41
22	1 0 37	12 12 34	13	1 16	1 23	3 15
23	1 0 38	12 5 9	13	1 15	1 22	2 43
24	1 0 40	11 59 32	13	1 15	1 22	2 4
25	1 0 42	11 55 28	12	1 16	1 19	1 20
26	1 0 42	11 52 48	11	1 15	1 18	0 32
27	1 0 45	11 51 40	11	1 16	1 16	0 16
28	1 0 45	11 52 25	10	1 15	1 15	1 4
29	1 0 47	11 55 36	9	1 16	1 12	1 49
30	1 0 48	12 1 53	9	1 16	1 9	2 30

DECEMBER

D	☉ ° ′ ″	☽ ° ′ ″	♂ ′	♀ ° ′	☿ ° ′	☽ Dec. ° ′
1	1 0 50	12 11 51	8	1 15	1 6	3 5
2	1 0 51	12 26 6	7	1 16	1 3	3 34
3	1 0 52	12 44 55	7	1 15	0 59	3 57
4	1 0 54	13 8 13	6	1 15	0 54	4 11
5	1 0 55	13 35 11	5	1 16	0 49	4 13
6	1 0 56	14 4 14	4	1 16	0 43	4 2
7	1 0 58	14 32 47	3	1 16	0 36	3 34
8	1 0 59	14 56 37	2	1 16	0 29	2 46
9	1 1 0	15 14 30	1	1 16	0 20	1 40
10	1 1 1	15 21 4	2	1 15	0 11	0 21
11	1 1 1	15 15 51	1	1 16	0 1	1 0
12	1 1 2	14 59 45	1	1 16	0 10	2 11
13	1 1 3	14 35 36	1	1 16	0 21	3 7
14	1 1 3	14 7 4	1	1 15	0 33	3 45
15	1 1 4	13 37 44	3	1 16	0 44	4 4
16	1 1 4	13 10 22	3	1 15	0 55	4 9
17	1 1 4	12 46 43	5	1 15	1 5	4 3
18	1 1 4	12 27 39	5	1 16	1 13	3 47
19	1 1 5	12 13 13	6	1 16	1 19	3 24
20	1 1 5	12 3 7	7	1 15	1 22	2 53
21	1 1 6	11 56 42	8	1 15	1 23	2 16
22	1 1 6	11 53 14	8	1 16	1 20	1 33
23	1 1 6	11 52 0	9	1 15	1 16	0 48
24	1 1 6	11 52 26	10	1 16	1 9	0 1
25	1 1 7	11 54 8	11	1 15	1 0	0 50
26	1 1 7	11 57 1	12	1 16	0 50	1 36
27	1 1 8	12 1 17	12	1 16	0 40	2 18
28	1 1 8	12 8 29	13	1 15	0 29	2 55
29	1 1 8	12 15 49	14	1 15	0 19	3 24
30	1 1 9	12 27 22	15	1 16	0 9	3 47
31	1 1 9	12 42 36	15	1 16	0 1	4 0

JANUARY

D.M.		
1	4.46 P.M.	☿ in Perihelion.
3	9.43 A.M.	⊕ in Perihelion.
3	4.44 P.M.	☽ Max. Dec. 19° N. 17′.
6	8.8 A.M.	☿ ☌ Inf. ☉.
10	4.33 P.M.	☽ on Equator.
16	10.16 A.M.	☽ in Perigee.
17	1.19 A.M.	☽ Max. Dec. 19° S. 13′.
22	7.27 A.M.	♀ in ☊.
23	2.36 P.M.	☽ on Equator.
24	0.0 P.M.	♀ Gt. Elong. 47° E.
28	5.32 A.M.	☽ in Apogee.
29	0.0 A.M.	☿ Gt. Elong. 25° W.
31	2.0 A.M.	☽ Max. Dec. 19° N. 8′.

FEBRUARY

D.M.		
4	8.52 A.M.	☿ in ☋.
6	11.34 P.M.	☽ on Equator.
11	3.56 A.M.	☽ in Perigee.
13	9.0 A.M.	☽ Max. Dec. 19° S. 1′.
14	4.23 P.M.	☿ in Aphelion.
20	0.34 A.M.	☽ on Equator.
25	2.41 A.M.	☽ in Apogee.
25	4.18 A.M.	♀ in Perihelion.
27	11.11 A.M.	☽ Max. Dec. 18° N. 54′.

MARCH

D.M.		
1	2.0 A.M.	♀ Gt. Brilliance.
6	8.11 A.M.	☽ on Equator.
8	11.7 P.M.	☽ in Perigee.
12	2.38 P.M.	☽ Max. Dec. 18° S. 50′.
16	5.28 A.M.	☿ ☌ Sup. ☉.
19	8.37 A.M.	☽ on Equator.
20	5.43 P.M.	☉ enters ♈, *Equinox.*
24	9.51 P.M.	☽ in Apogee.
26	0.36 A.M.	☿ in ☊.
26	7.21 P.M.	☽ Max. Dec. 18° N. 46′.
30	4.2 P.M.	☿ in Perihelion.

APRIL

D.M.		
2	6.16 P.M.	☽ on Equator.
4	4.9 A.M.	☽ Partial Eclipse.
5	8.51 P.M.	☽ in Perigee.
6	6.32 A.M.	♀ ☌ Inf. ☉.
8	8.52 P.M.	☽ Max. Dec. 18° S. 44′.
10	4.0 P.M.	☿ Gt. Elong. 19° E.
15	2.48 P.M.	☽ on Equator.
18	10.35 A.M.	☉ Annular Eclipse.
21	11.57 A.M.	☽ in Apogee.
23	2.27 A.M.	☽ Max. Dec. 18° N. 45′.
30	4.41 A.M.	☽ on Equator.
30	11.21 A.M.	♂ in Perihelion.
30	4.44 P.M.	☿ ☌ Inf. ☉.

MAY

D.M.		
3	8.7 A.M.	☿ in ☋.
4	4.50 A.M.	☽ in Perigee.
6	5.37 A.M.	☽ Max. Dec. 18° S. 46′.
11	11.0 P.M.	♀ Gt. Brilliance.
12	8.36 P.M.	☽ on Equator.
13	3.40 P.M.	☿ in Aphelion.
13	8.49 P.M.	♀ in ☋.
18	5.48 P.M.	☽ in Apogee.
20	9.8 A.M.	☽ Max. Dec. 18° N. 49′.
27	2.11 P.M.	☽ on Equator.
27	11.0 P.M.	☿ Gt. Elong. 25° W.

JUNE

D.M.		
1	3.1 P.M.	☽ in Perigee.
2	4.42 P.M.	☽ Max. Dec. 18° S. 50′.
9	3.42 A.M.	☽ on Equator.
14	9.10 P.M.	☽ in Apogee.
15	7.0 A.M.	♀ Gt. Elong. 46° W.
16	4.8 P.M.	☽ Max. Dec. 18° N. 51′.
17	11.22 A.M.	♀ in Aphelion.
21	0.15 P.M.	☉ enters ♋, *Solstice.*
21	11.53 P.M.	☿ in ☊.
23	10.8 P.M.	☽ on Equator.

JUNE—*cont.*

D.M.		
26	3.20 P.M.	☿ in Perihelion.
29	11.36 P.M.	☽ in Perigee.
30	0.22 A.M.	☿ ☌ Sup. ☉.
30	4.22 A.M.	☽ Max. Dec. 18° S. 50′.

JULY

D.M.		
5	8.24 P.M.	⊕ in Aphelion.
6	0.42 P.M.	☽ on Equator.
12	7.37 A.M.	☽ in Apogee.
13	11.49 P.M.	☽ Max. Dec. 18° N. 48′.
21	4.51 A.M.	☽ on Equator.
27	2.38 P.M.	☽ Max. Dec. 18° S. 43′.
28	2.10 A.M.	☽ in Perigee.
30	7.23 A.M.	☿ in ☋.

AUGUST

D.M.		
2	10.53 P.M.	☽ on Equator.
8	8.0 P.M.	☿ Gt. Elong. 27° E.
8	11.41 P.M.	☽ in Apogee.
9	2.58 P.M.	☿ in Aphelion.
10	8.5 A.M.	☽ Max. Dec. 18° N. 39′.
17	11.26 A.M.	☽ on Equator.
23	10.19 P.M.	☽ Max. Dec. 18° S. 33′.
24	9.12 A.M.	☽ in Perigee.
30	2.12 A.M.	♂ in ☊.
30	8.49 A.M.	☽ on Equator.

SEPTEMBER

D.M.		
4	0.17 A.M.	♀ in ☊.
5	5.43 A.M.	☿ ☌ Inf. ☉.
5	6.16 P.M.	☽ in Apogee.
6	4.31 P.M.	☽ Max. Dec. 18° N. 28′.
13	7.7 P.M.	☽ on Equator.
17	11.8 P.M.	☿ in ☊.
18	9.27 A.M.	☽ in Perigee.
20	3.58 A.M.	☽ Max. Dec. 18° S. 25′.
21	8.0 A.M.	☿ Gt. Elong. 18° W.
22	2.36 P.M.	☿ in Perihelion.
23	3.30 A.M.	☉ enters ♎, *Equinox.*
26	5.17 P.M.	☽ on Equator.

OCTOBER

D.M.		
3	1.48 P.M.	☽ in Apogee.
4	0.40 A.M.	☽ Max. Dec. 18° N. 23′.
7	5.51 P.M.	♀ in Perihelion.
11	4.28 A.M.	☽ on Equator.
12	8.31 P.M.	☉ Total Eclipse.
15	9.1 A.M.	☽ in Perigee.
17	9.55 A.M.	☽ Max. Dec. 18° S. 24′.
18	11.18 P.M.	☿ ☌ Sup. ☉.
24	0.2 A.M.	☽ on Equator.
26	6.38 A.M.	☿ in ☋.
31	8.14 A.M.	☽ in Apogee.
31	8.23 A.M.	☽ Max. Dec. 18° N. 26′.

NOVEMBER

D.M.		
5	2.14 P.M.	☿ in Aphelion.
7	2.57 P.M.	☽ on Equator.
12	0.1 P.M.	☽ in Perigee.
13	6.31 P.M.	☽ Max. Dec. 18° S. 28′.
20	6.8 A.M.	☽ on Equator.
27	3.54 P.M.	☽ Max. Dec. 18° N. 32′.
27	8.30 P.M.	☽ in Apogee.

DECEMBER

D.M.		
3	8.0 A.M.	☿ Gt. Elong. 21°E.
5	1.8 A.M.	☽ on Equator.
10	11.16 P.M.	☽ in Perigee.
11	6.11 A.M.	☽ Max. Dec. 18° S. 33′.
14	10.24 P.M.	☿ in ☊.
17	1.25 P.M.	☽ on Equator.
19	1.51 P.M.	☿ in Perihelion.
21	2.9 P.M.	☿ ☌ Inf. ☉.
21	11.24 P.M.	☉ enters ♑, *Solstice.*
24	1.34 P.M.	♀ in ☋.
24	9.14 P.M.	☽ in Apogee.
24	11.30 P.M.	☽ Max. Dec. 18° N. 34′.

A COMPLETE ASPECTARIAN FOR 1977

Showing the approximate time when each Aspect is formed.

a.m. or *a* denotes morning; *p.m.* or *p* denotes afternoon.

NOTE:—Semi-quintile, or 36° apart, ⊥ ; Bi-quintile, or 144° ± ; Quincunc or 150° ▽.

☽ ☌ ● Eclipse of ⊙.　☽ ☍ ⊙ Eclipse of ☽.　◖ Occultation by ☽.

[The remainder of this page consists of a dense multi-column astronomical aspectarian table for January and February 1977, listing planetary aspects with their times. The columns contain astrological and planetary glyphs (☽, ⊙, ☿, ♀, ♂, ♃, ♄, ♅, ♆, ♇, etc.) together with aspect symbols and the times at which each aspect forms, along with day numbers and weekday abbreviations (S, M, Tu, W, Th, F). The symbol-dense content cannot be reliably transcribed cell-by-cell.]

FEB.—*cont.*

14	☽⚹♅	4*pm* 23	G
	☽P♄	4 46	B
	☉∠♀	6 45	
	♅Stat.	8 0	
	☽□♇	8 5	B
	☽P♃	9 13	G
	☽⊻♆	11 23	g
15	☽△♃	11*a* 15	G
Tu	☽⊻☉	6*pm* 31	g
	♀▽♅	7 37	
16	☽∠♆	1*am* 19	b
W	☽P♅	1 58	B
	☽☌♂	9 0	B
	♀△♄	11 43	
	☽☌☿	1*pm* 43	G
	☉Q♆	4 40	
	☽□♅	8 21	B
	☽☍♄	9 13	B
	☽⚹♀	9 49	G
	☽P☉	11 31	G
17	☽△♇	0*am* 4	G
Th	☽⚹♆	3 37	G
	☽P♇	9 54	D
	☽□♃	4*pm* 12	B
	☉⚼♇	4 12	
	☽P♀	11 54	G
18	☽∠♀	2*am* 5	b
F	☽⚼♇	2 45	b
	☽☌☉	3 37	D
	♀☍♇	1*pm* 53	
	☽⊻♂	5 45	g
19	☿□♅	1*am* 46	
S	☽△♅	2 14	G
	☽⊻☿	2 18	g
	☿☍♄	6 43	
	☽⊻♀	7 5	g
	☽□♆	9 57	B
	☽∠♂	11*p* 19	b
	☽⚹♃	11 35	G
20	☽⚼♅	6*am* 16	b
Su	☽⚼♄	6 44	b
	☿△♇	10 1	
	☽∠☿	10 13	b
	☽⊻☉	4*pm* 3	g
	☿P♄	11 50	
21	☽∠♃	4*am* 30	b
M	☉P♇	4 42	
	☽⚹♂	5 52	G
	☽△♄	11 24	G
	♀△♆	1*pm* 12	
	☿P♃	1 53	
	☽☍♇	3 5	B
	☿⚹♆	6 53	
	☽△♆	7 19	G
	☽⚹☿	7 23	G
	☽☌♀	7 40	G
	☿⚹♀	11 6	
	☽∠☉	11 45	b
22	☽⊻♃	10*a* 13	g
Tu	☉P♀	10 39	
	☽P☉	3*pm* 41	G
	☽P♀	4 59	G
	☽P♇	7 40	D
23	☽⚼♆	1*am* 7	b
W	☽⚹☉	8 23	G
	♀P♇	4*pm* 41	
	☽□♂	9 34	B
	♅□♄	10 47	B
23	☽☍♅	10*p* 47	B
24	♄□♅	0*am* 0	
Th	♀⊥♃	6 31	
	☽P♅	7 44	B
	☽⊻♀	11 11	g
	♂☍♄	2*pm* 52	
	♂□♅	4 4	
	☽□☿	4 46	B
	♂P♄	10 15	
	☽☌♃	11 18	G
	☽P☿	11 43	G
25	☽⚼♇	9*am* 17	b
F	♂P♃	6*pm* 23	
	☽∠♀	7 18	b
	☽P♂	11 52	B
26	☽P♃	1*am* 4	G
S	☽□☉	2 50	B
	☽P♄	5 14	B
	☉±♇	10 38	
	☽⚹♄	11 17	G
	☽△♂	2*pm* 40	G
	☽△♇	3 35	G
	☿□♃	7 27	
	☽☍♆	8 16	B
27	☽⚹♀	3*am* 3	G
Su	♂△♇	4 42	
	☽⊻♃	0*pm* 29	g
	☽△☿	2 59	G
	☽∠♄	5 6	b
	☽⚼♅	5 33	b
	☿P♅	8 21	
	☽⚼♂	10 38	b
28	☽P♄	3*pm* 28	B
M	☽∠♃	6 14	b
	☽P♃	6 36	G
	☽△☉	7 46	G
	☽⊻♄	10 17	g
	☽△♅	10 50	G

MARCH

1	☽⚼☿	0*am* 56	b
Tu	☽□♇	2 37	B
	☿Q♆	4 52	
	☽P♂	9 46	B
	☿⚼♇	1*pm* 15	
	☽□♀	4 7	B
	☽⚹♃	11 8	G
2	☉▽♄	1*am* 1	
W	☽⚼☉	2 44	b
	♂⚹♆	5 44	
	☉△♅	9 10	
	☽⚼♆	11 25	b
	☽P♅	11 30	B
	☿P♀	8*pm* 58	
3	☽P♀	1*am* 33	G
Th	☽P☿	3 15	G
	☽☌♄	6 1	B
	☽□♅	6 45	B
	☉Q♃	9 10	
	☽⚹♇	10 16	G
	☽△♆	2*pm* 43	G
	☽☍♂	4 43	B
	☽P♇	7 14	D
4	☽△♀	1*am* 0	G
F	☽□♃	6 12	B
	☉▽♇	7 5	
	☽∠♇	0*pm* 51	b
	☽P☉	10 52	G
	☽☍☿	11 15	B
5	☽⚼♀	4*am* 0	b
S	☽⊻♄	10 33	g
	☽⚹♅	11 26	G
	☽⊻♇	2*pm* 44	g
	☽☍☉	5 13	B
	☽□♆	7 4	B
6	☽△♃	10 *a* 21	G
Su	☽∠♄	11 58	b
	☿P♇	0*pm* 38	
	☽∠♅	0 53	b
	☿±♇	3 35	
	☉□♆	7 22	
	☿∠♀	8 53	
7	☽⚼♂	2*am* 45	b
M	☽P☉	11 33	G
	☽⚼♃	11 47	b
	☽⚹♄	1*pm* 0	G
	☽⊻♅	1 59	g
	☉±♄	4 32	
	☽☌♇	5 12	D
	☽⚹♆	9 32	G
	☉⊥♀	11 46	
8	♃P♄	2*am* 43	
Tu	☽△♂	5 12	G
	☽☍♀	9 40	B
	☽P☿	10 55	G
	☿▽♄	0*pm* 49	
	☽⚼☿	2 2	b
	☽P♇	7 20	D
	☿△♅	9 2	
	☽∠♆	10 29	b
	♀P♅	11 53	
9	☽⚼☉	2*am* 16	b
W	☽□♄	2*pm* 44	B
	☽☌♅	3 51	B
	☽△☿	6 38	G
	☽⊻♇	7 2	g
	☿▽♇	9 43	
	☽⊻♆	11 29	g
	☽P♅	11 40	B
10	☿Q♃	0*am* 14	
Th	☽P♀	1 46	G
	☽P♂	2 18	B
	☽△☉	5 8	G
	♀P♂	5 18	
	☽□♂	10 2	B
	☽☍♃	3*pm* 35	B
	☽∠♇	8 5	b
11	☿□♆	8*am* 10	
F	♂P♅	9 19	
	☽⚼♀	2*pm* 9	b
	☿±♄	4 20	
	☽△♄	4 53	G
	☽⊻♅	6 8	g
	☽P♄	8 25	B
	☽⚹♇	9 21	G
	☽P♃	11 9	G
12	☽☌♆	1*am* 59	D
S	☽□☿	4 43	B
	☽□☉	11 35	B
	☿⊥♀	11 42	
	☽⚹♂	3*pm* 43	G
	☽△♀	3 56	G
	☽⚼♄	6 20	b
	☽∠♅	7 39	b
	♀⚹♂	9 30	
13	☽P♃	4*am* 35	G
Su	☽P♄	8 30	B
	☽∠♂	7*pm* 5	b
	☽⚼♃	9 9	b
13	☽⚹♅	9*pm* 30	G
14	☽□♇	0*am* 47	B
M	☽⊻♆	5 39	g
	☽⚹☿	4*pm* 52	G
	☽⚹☉	7 37	G
	☽□♀	8 20	B
	☽P♀	9 20	G
	☽⊻♂	10 55	g
	☽△♃	11 43	G
15	☉⊻♀	6*am* 4	
Tu	☽∠♆	8 3	b
	☽P♅	8 13	B
	♂□♃	4*pm* 40	
	☽P♂	5 17	B
	☿⊻♀	5 41	
	☽∠☿	11 56	b
16	☽∠☉	0*am* 22	b
W	☽☍♄	0 50	B
	☽□♅	2 21	B
	♀Stat.	2 53	
	☉☌☿	5 28	
	☽△♇	5 45	G
	☿⚼♄	5 56	
	☉⚼♄	6 22	
	☽⚹♆	10 52	G
	☽P♇	1*pm* 55	D
	☿⚼♅	4 15	
	☿⚹♃	8 39	
17	☽⚹♀	2*am* 6	G
Th	☉⚼♅	2 30	
	☽⊻☉	5 44	g
	☽□♃	6 17	B
	☽⊻☿	7 51	g
	☽☌♂	8 10	B
	☽⚼♇	8 56	b
	☿⊻♂	11 2	
	☉⚹♃	2*pm* 26	
	♂Q♆	5 22	
	♂⚼♇	8 44	
18	☽∠♀	5*am* 37	b
F	♆Stat.	8 20	
	☽△♅	9 8	G
	☽□♆	6*pm* 7	B
	☉P☿	10 18	
19	☉P☿	1*am* 28	
S	☽P☉	5 5	G
	☽P☿	6 12	G
	☽⊻♀	9 36	g
	☽P☿	10 10	G
	☽P☉	11 33	G
	☽⚼♄	11 38	b
	☽⚼♅	1*pm* 21	b
	☽⚹♃	3 5	G
	☽☌☉	6 33	D
	☽⊻♂	8 0	g
20	☽☌☿	2*am* 35	G
Su	☽△♄	4*pm* 25	G
	☽∠♃	8 27	b
	☽☍♇	9 53	B
21	☽∠♂	3*am* 1	b
M	☿±♅	3 11	
	☽△♆	3 42	G
	☽☌♀	6*pm* 59	G
22	☽⊻♃	2*am* 26	g
Tu	☽P♇	7 9	D
	♀⊥♂	8 58	
	☽⚼♆	9 24	b
	☽⊻☉	10 28	g
	☽⚹♂	10 46	G
	☽P♂	2*pm* 1	B
23	☽⊻☿	1*am* 28	g
W	☉⊻♂	2 26	
	☽□♄	3 42	B
	☽☍♅	5 36	B
	☿△♄	2*pm* 34	
	☽P♅	3 10	B
	☽∠☉	7 24	b
24	☿▽♅	1*am* 39	
Th	☽⊻♀	5 51	g
	☽P♀	8 29	G
	♃⚼♇	10 50	
	☽∠☿	2*pm* 0	b
	☽⚼♇	3 44	b
	☽☌♃	3 49	G
25	☿☍♇	0*am* 5	
F	☿∠♃	1 35	
	☽□♂	3 40	B
	♃Q♄	4 30	
	☽⚹☉	4 38	G
	☽∠♀	11 26	b
	♂P♇	2*pm* 54	
	☽⚹♄	4 22	G
	☉±♅	9 54	
	☽△♇	10 8	G
26	☽⚹☿	2*am* 39	G
S	☽☍♆	4 23	B
	☽P♄	7 0	B
	♀⊥♃	8 12	
	☿△♆	1*pm* 6	
	☽⚹♀	4 47	G
	☽∠♄	10 36	b
27	☽⚼♅	0*am* 29	b
Su	☽⊻♃	5 27	g
	☽P♄	7 12	B
	☽△♂	8*pm* 18	G
	☽□☉	10 27	B
28	☽⊻♄	4*am* 20	g
M	☽△♅	6 10	G
	☽□♇	9 55	B
	♀∠♂	10 0	
	☽∠♃	11 35	b
29	♂±♇	0*am* 6	
Tu	☽□☿	1 32	B
	☽□♀	1 49	B
	☿☌♀	3 6	
	☽⚼♂	3 32	b
	☽P♀	0*pm* 52	G
	☽⚹♃	4 52	G
	☽⚼♆	8 46	b
	☽P♅	9 44	B
	☿∠♂	10 50	
30	☿P♂	4*am* 19	
W	☿⊥♃	4 40	
	☽△☉	0*pm* 49	G
	☽☌♄	1 29	B
	☽□♅	3 9	B
	☽⚹♇	6 40	G
	☉△♄	9 42	
31	☽△♆	0*am* 33	G
Th	☽P♇	2 8	D
	☽P☿	5 32	G
	☽△♀	7 32	G
	☽P♂	1*pm* 52	B
	☽⚼☉	6 9	b
	☽△☿	6 18	G
	☉▽♅	6 53	
	☿P♇	7 6	
	☽∠♇	9 39	b

Date	Day	Aspect	Time	
APRIL				
1	F	☽□♃	0*am*31	B
		☽⚼♀	9 3	b
		☽P⊙	5*pm*13	G
		☽☍♂	6 38	B
		☽⊻♄	6 52	g
		☽✶♅	8 23	G
		♂▽♄	10 48	
		☽⊻♇	11 43	g
2	S	☽⚼☿	0*am*16	b
		☽□♆	5 15	B
		♀P♅	7 22	
		⊙☍♇	4*pm*41	
		☽∠♄	8 19	b
		☽∠♅	9 45	b
3	𝕾	♂△♅	0*am*24	
		☿⊻♃	1 1	
		☽△♃	4 30	G
		☿⚼♆	6*pm*52	
		☽✶♄	9 9	G
		☽⊻♅	10 30	g
		☽P⊙	11 12	G
4	M	☽☌♇	1*am*43	D
		♀⊥♂	2 27	
		☽☍⊙	4 9	B
		☽⚼♃	5 31	b
		☽✶♆	7 4	G
		☽☍♀	9 27	B
		☿P♀	0*pm*45	
		☽P♂	1 17	B
5	Tu	☽⚼♂	1*am*34	b
		⊙∠♃	5 17	
		☽P♇	6 45	D
		☽∠♆	7 23	b
		♂▽♇	10 22	
		☽☍☿	11 33	B
		☿P♅	0*pm*15	
		☽□♄	9 47	B
		☽P♀	10 3	G
		☽●♅	11 1	B
		⊙△♆	11 29	
6	W	☽⊻♇	2*am*13	g
		☽△♂	3 7	G
		☽P♅	6 23	B
		⊙☌♀	6 32	
		☽⊻♆	7 34	g
		☽P☿	11 27	G
		♀△♆	5*pm*47	
7	Th	☽∠♇	2*am*25	b
		♀∠♃	6 23	
		☽⚼♀	7 17	b
		☽☍♃	7 20	B
		☽⚼⊙	10 11	b
		☽△♄	10*p* 25	G
		☽⊻♅	11 35	g
8	F	⊙P♂	1*am*50	
		☽✶♇	2 52	G
		☽□♂	6 39	B
		☽△♀	6 50	G
		☽☌♆	8 25	D
		♀⊻♂	8 43	
		☽△⊙	0*pm*35	G
		☽P♄	3 34	B
		☽⚼☿	7 58	b
		☽⚼♄	11 14	b
9	S	☽∠♅	0*am*22	b
		☽P♄	2 9	B
		♂±♄	1*pm*14	
		♂□♆	3 5	
		☽△☿	11*p* 22	G
10	𝕾	☽✶♅	1*am*40	G
		☽□♇	5 8	B
		☽□♀	7 15	B
		☽P☿	10 52	G
		☽⊻♆	10 57	g
		☽⚼♃	11 35	b
		☽✶♂	0*pm* 9	G
		☿□♄	4 14	
		☿±♆	5 27	
		☽□⊙	7 15	B
11	M	♄Stat.	6*am*36	
		☿☍♅	7 32	
		☽∠♆	1*pm*10	b
		☽△♃	2 14	G
		☽P♅	3 23	B
		☽∠♂	4 2	b
		♀P♇	8 37	
12	Tu	☽☍♄	5*am*10	B
		☽□♅	6 11	B
		☽□☿	7 48	B
		☽△♇	9 51	G
		☽✶♀	10 0	G
		♀☍♇	1*pm*47	
		☽✶♆	4 4	G
		☽P♇	4 52	D
		☽P♀	7 32	G
		☽⊻♂	8 43	g
13	W	☽✶⊙	5*am*12	G
		☿⊻♀	7 21	
		☽P⊙	7 36	G
		☽∠♀	0*pm*19	b
		☽⚼♇	1 14	b
		☿▽♇	8 11	
		☽□♃	9 42	B
14	Th	☽P♂	7*am*32	B
		☽∠⊙	11 26	b
		☽△♅	1*pm*22	G
		☽⊻♀	3 22	g
		☽✶☿	6 23	G
		☽□♆	11 51	B
15	F	♂Q♃	4*am*27	
		☿P♄	7 13	
		☽☌♂	8 30	B
		⊙P♀	11 13	
		☽⚼♄	5*pm*10	b
		☽⚼♅	5 56	b
		☽⊻⊙	6 30	g
16	S	☽∠☿	0*am*17	b
		☽✶♃	7 53	G
		☽P♂	6*pm* 0	B
		⊙⊥♃	7 21	
		☽△♄	10 21	G
		☽☌♀	11 13	G
17	𝕾	☽☍♇	3*am*10	B
		♀▽♅	5 53	
		☽⊻☿	6 29	g
		☽△♆	10 2	G
		☽∠♃	1*pm*50	b
		☽P♀	10 54	G
		☽⊻♂	11 4	g
18	M	♀△♄	1*am*36	
		☽☌●	10 35	D
		☽P⊙	1*pm*27	G
		☽⚼♆	3 50	b
		☽P♇	4 19	D
		☽⊻♃	8 17	g
19	Tu	☽∠♂	7*am*10	b
		☽⊻♀	9 13	g
		☽□♄	10 10	B
		☽☍♅	10*a* 35	B
		⊙P♇	4*pm* 5	
		☽☌☿	7 14	G
		☽P♅	7 14	B
20	W	☿Stat.	2*am*25	
		☽∠♀	2*pm*48	b
		☽✶♂	3 37	G
		☽⚼♇	9 12	b
21	Th	⊙⚼♆	1*am*49	
		☽⊻⊙	4 35	g
		♂⚼♄	6 0	
		⊙⊥♂	8 57	
		♂⚼♅	9 4	
		☽☌♃	10 4	G
		☽✶♀	8*pm*38	G
		☿P♄	9 3	
		☽✶♄	11 4	G
22	F	☽△♇	3*am*35	G
		☽⊻☿	7 38	g
		☽☍♆	10 46	B
		☽P☿	11 0	G
		☽∠⊙	1*pm*47	b
		☽P♄	4 33	B
		♄□♅	10 48	
23	S	☽⚼♅	5*am*28	b
		☽∠♄	5 31	b
		☽□♂	8 44	B
		☽P♄	0*pm*40	B
		☽∠☿	1 19	b
		☽✶⊙	10 45	G
		☽⊻♃	11 53	g
24	𝕾	☽P☿	8*am* 3	G
		☽□♀	8 20	B
		☽△♅	11 29	G
		☽⊻♄	11 40	g
		☽□♇	3*pm*52	B
		⊙⊻♃	4 21	
		☽✶☿	6 25	G
25	M	☽∠♃	6*am*13	b
		☿∠♂	9 25	
26	Tu	☽△♂	0*am*16	G
		☽⚼♆	4 10	b
		☽P♅	8 55	B
		☽✶♃	11 52	G
		☽□⊙	2*pm*42	B
		☽P⊙	3 28	G
		☽△♀	6 31	G
		☽□♅	9 40	B
		☽☌♄	10 10	B
27	W	☽✶♇	1*am*55	G
		☽□☿	2 22	B
		☽⚼♂	6 42	b
		☽△♆	8 37	G
		☽P♇	9 13	D
		♀Stat.	9 58	
		☿▽♇	1*pm*10	
		☽⚼♀	10 34	b
28	Th	☽∠♇	5*am*39	b
		⊙⊻♀	5*pm* 0	
		☽P♀	8 14	G
		☽□♃	8 20	B
		⊙P♅	9 24	
29	F	☽△⊙	2*am*21	G
		☽✶♅	4 23	G
		☽⊻♄	5 8	g
		☽△☿	6 41	G
		☽⊻♇	8 26	g
		☽□♆	2*pm*42	B
30	S	☽P♂	2*am*47	B
		⊙±♆	3 30	
		⊙☍♅	5*am*43	
		☽∠♅	6 19	b
		☽P♂	6 19	B
		☽⚼⊙	6 22	b
		☽∠♄	7 12	b
		☽⚼☿	7 31	b
		☿□♄	1*pm*56	
		⊙☌☿	4 44	
		⊙□♄	6 47	
		☽☍♂	7 17	B
MAY				
1	𝕾	☽△♃	0*am*52	G
		☽☍♀	5 27	B
		☽⊻♅	7 25	g
		☽✶♄	8 25	G
		☽P♀	9 35	G
		☿☍♅	11 9	
		☽☌♇	11 18	D
		☿±♆	1*pm*36	
		⊙P☿	2 55	
		☽✶♆	5 10	G
2	M	☿⊥♂	0*am*20	
		☽⚼♃	1 53	b
		♂±♅	10 10	
		⊙▽♇	1*pm*44	
		☽∠♆	5 24	b
		☽P♇	6 45	D
		☿⊻♀	8 51	
3	Tu	☽☍☿	6*am* 4	B
		☽●♅	7 45	B
		☽□♄	8 58	B
		☽⊻♇	11 32	g
		☿P♅	0*pm*11	
		☽☍⊙	1 3	B
		☽P☿	1 50	G
		☽P♅	2 5	B
		☽⊻♆	5 14	g
4	W	☽⚼♂	0*am* 1	b
		☽P⊙	3 26	G
		☽⚼♀	6 43	b
		☽∠♇	11 13	b
		♅⊥♆	0*pm* 0	
5	Th	☽△♂	0*am*59	G
		☽☍♃	2 34	B
		☽△♀	6 53	G
		☽⊻♅	7 8	g
		☽△♄	8 35	G
		☽✶♇	10 57	G
		☽P♄	4*pm* 3	B
		☽☌♆	4 41	D
		♀▽♅	5 36	
6	F	☿⊻♃	2*am*38	
		☽⚼☿	2 50	b
		⊙▽♆	4 52	
		☽∠♅	7 2	b
		☽⚼♄	8 40	b
		⊙⊥♀	9 37	
		☿⊻♂	9 53	
		☽⚼⊙	5*pm*39	b
		☽P♄	7 44	B
		♂✶♃	7 51	
7	S	☽△☿	2*am*22	G
		☽□♂	3 53	B
		☽✶♅	7 26	G
		☽□♀	8 24	B
		☽□♇	11 28	B
		☽⊻♆	5*pm*28	g
		☽△⊙	8 10	G
		☽P⊙	10*p* 31	G
8	𝕾	☽⚼♃	5*am* 0	b
		⊙±♇	3*pm* 7	
		☽∠♆	6 52	b
		♀△♄	9 39	
9	M	☽P♅	1*am*12	B
		☽□☿	3 39	B
		☽△♃	7 16	G
		☽✶♂	9 45	G
		☽□♅	10 20	B
		☽☍♄	0*pm*36	B
		☽✶♀	1 0	G
		☽△♇	2 45	G
		♂▽♅	7 55	
		☽P☿	8 20	G
		☽✶♆	9 8	G
		☽P♇	10 0	D
10	Tu	☽□⊙	4*am* 8	B
		☽∠♂	2*pm*14	b
		☿P♇	2 49	
		☽∠♀	4 53	b
		☽⚼♇	5 43	b
		♃P♆	11 19	
11	W	☽✶☿	8*am*41	G
		☽□♃	2*pm*40	B
		☽P♀	2 43	G
		♀☍♇	4 5	
		♂△♄	4 9	
		☽△♅	4 48	G
		☽⊻♂	7 50	g
		☽⊻♀	9 49	g
12	Th	☽P♂	0*am*58	B
		☽□♆	4 23	B
		☽∠☿	0*pm*44	b
		☽✶⊙	4 40	G
		☽⚼♅	9 20	b
13	F	☽⚼♄	0*am*26	b
		♂☍♇	0 37	
		⊙P♄	2*pm*26	
		☽⊻☿	5 44	g
		☽P♂	7 54	B
		☿Stat.	8 49	
14	S	☽∠⊙	0*am*23	b
		☽✶♃	1 35	G
		☽P♀	4 1	G
		☽△♄	5 57	G
		☽☍♇	7 40	B
		☽☌♂	9 49	B
		☽●♀	10 32	G
		☽△♆	2*pm*46	G
15	𝕾	☽∠♃	8*am* 2	b
		☽⊻⊙	8 50	g
		☽P☿	3*pm*48	G
		♃▽♅	8 27	
		☽⚼♆	8 44	b
		☽P♇	11 23	D
16	M	♀☌♂	1*am*58	
		☽☌☿	6 1	G
		☽☍♅	2*pm*25	B
		☽⊻♃	2 50	g
		☽□♄	6 25	B
		☽P♅	10 2	B
17	Tu	☽⊻♀	1*am*50	g
		☽⊻♂	2 13	g
		♂△♆	1*pm*49	
		⊙⚼♇	6 28	
		♀△♆	11 33	
18	W	☽⚼♇	2*am*10	b
		☽☌⊙	2 51	D
		☽∠♀	9 57	b

MAY—*contd.*

18	☽∠♂	10*a* 45	b
	☽⊻☿	8*pm*20	g
19 Th	☽☌♃	4*am*55	G
	☽✱♄	7 38	G
	☽P♄	7 49	B
	☽△♇	8 35	G
	☽☍♆	3*pm*45	B
	☽✱♀	6 5	G
	☽✱♂	7 16	G
20 F	☽∠☿	3*am*52	b
	☽⚼♅	9 22	b
	♀P♂	9 26	
	☉Q♄	10 37	
	☽∠♄	2*pm* 9	b
	☽⊻☉	9 1	g
21 S	☽✱☿	11*a* 25	G
	☽P♄	11 25	B
	☽△♅	3*pm*25	G
	☽⊻♃	6 37	g
	☽⊻♄	8 26	g
	☽□♇	8 57	B
22 𝔖	☽∠☉	5*am*38	b
	☽□♀	9 55	B
	☽□♂	11 34	B
23 M	☽∠♃	0*am*56	b
	☽⚼♆	9 28	b
	☽✱☉	1*pm*43	G
	☽P♅	7 43	B
24 Tu	☽□☿	1*am*51	B
	☽□♅	2 19	B
	☽✱♃	6 41	G
	☽☌♄	7 38	B
	☽✱♇	7 44	G
	☿☍♅	9 6	
	☽△♆	2*pm*25	G
	☽P♇	4 36	D
	☽P☿	6 35	G
	☿±♆	6 51	
	♄✱♇	10 5	
	☽△♀	11 47	G
25 W	☽△♂	1*am*33	G
	☽∠♇	0*pm*10	b
	☽P♂	7 51	B
	☿P♇	8 15	
	☽P♀	11 50	G
26 Th	☉P♆	1*am*40	
	☽□☉	3 20	B
	☽⚼♀	5 27	b
	☽⚼♂	7 12	b
	☽✱♅	10 33	G
	♃△♇	0*pm*29	
	☽△☿	1 56	G
	☽⊻♇	3 46	g
	☽□♃	3 49	B
	☽⊻♄	4 3	g
	☽□♆	10 0	B
27 F	♃✱♄	9*am*42	
	☽∠♅	1*pm*23	b
	☿▽♇	4 21	
	☽⚼☿	6 37	b
	☽∠♄	6 54	b
	☿□♄	11 5	
28 S	☿⊻♃	1*am*55	
	☽△☉	0*pm*39	G
	☽⊻♅	3 19	g
	☽☌♇	8 16	D
	☽✱♄	8 53	G
	☽△♃	9 16	G

29 𝔖	☽✱♆	2*am* 4	G
	☽P♀	6 18	G
	☽P♂	0*pm* 6	B
	☽⚼☉	3 40	b
	☽☍♀	4 27	B
	☽☍♂	5 52	B
	☽⚼♃	10 39	b
30 M	☉▽♅	2*am*34	
	☽∠♆	2 51	b
	☽P♇	5 51	D
	☉P♃	2*pm*59	
	☽P☿	4 10	G
	☽●♅	4 48	B
	☽⊻♇	9 35	g
	☽□♄	10 27	B
	☽P♅	10 42	B
	☿▽♆	10 54	
31 Tu	☽⊻♆	3*am* 0	g
	☽☍☿	3 21	B
	☽∠♇	9*pm*25	b

JUNE

1 W	☽P♄	3*pm*27	B
	☽⊻♅	4 15	g
	☉∠♀	8 20	
	☽☍☉	8 31	B
	☽⚼♀	8 31	b
	☽✱♇	8 59	G
	☽⚼♂	9 31	b
	☿P♅	10 35	
	☽☍♃	11 28	B
	☽△♄	11 39	G
2 Th	☽☌♆	2*am*16	D
	☿±♇	3 44	
	☉△♇	3 50	
	☽∠♅	3*pm*46	b
	☽△♀	9 32	G
	☽⚼♄	9 52	b
	☽△♂	10 21	G
3 F	☉✱♄	0*am*11	
	☽⚼☿	8 30	b
	☽✱♅	3*pm*34	G
	☽P♄	7 8	B
	☽□♇	8 28	B
4 S	☽⊻♆	1*am*51	g
	♂∠♃	6 28	
	☉☌♃	9 37	
	☽△☿	11 0	G
	☉∠♂	5*pm*20	
	♀∠♃	7 51	
5 𝔖	☽⚼♃	0*am*44	b
	☽□♀	0 58	B
	☽□♂	1 26	B
	☽⚼☉	1 33	b
	☽P☿	1 38	G
	☽∠♆	2 24	b
	☉±♅	3 55	
	☽P♅	1*pm*17	B
	☉☍♆	1 55	
	☽□♅	4 49	B
	♂⚼♆	7 33	
	☽△♇	10 7	G
	♀⚼♆	11 47	
	☽☍♄	11 59	B
6 M	☽△♃	2*am*32	G
	☽✱♆	3 47	G
	☽△☉	4 50	G
	☽P♇	6 59	D
	☽P♂	0*pm* 7	B

6	☽□☿	7*pm*27	B
	☽P♀	7 43	G
	♀☌♂	10 53	
7 Tu	☽⚼♇	0*am*15	b
	♃±♅	6 14	
	☽✱♂	8 15	G
	☽✱♀	8 22	G
	☽△♅	9*pm*40	G
8 W	☽□♃	9*am*18	B
	☽□♆	9 32	B
	☽∠♂	1*pm*29	b
	☽∠♀	1 59	b
	☽□☉	3 7	B
	☿⚼♇	3 13	
	♃☍♆	8 53	
9 Th	☽⚼♅	1*am*40	b
	♂P♇	9 20	
	☽✱☿	10 5	G
	☽⚼♄	10 30	b
	☽⊻♂	7*pm*55	g
	☽⊻♀	8 54	g
10 F	☿P♄	6*am*50	
	☽☍♇	0*pm*54	B
	☽△♄	3 59	G
	☽△♆	7 14	G
	☽∠☿	7 47	b
	☽✱♃	8 15	G
11 S	☽✱☉	6*am*20	G
	☿Q♄	0*pm*46	
12 𝔖	☽⚼♆	1*am* 8	b
	☽P♀	1 21	G
	☽∠♃	2 50	b
	☽P♇	5 30	D
	☽⊻☿	6 40	g
	☽●♂	11 29	B
	☽P♂	11 57	B
	☽☌♀	1*pm*33	G
	☽∠☉	3 7	b
	☽☍♅	6 27	B
13 M	☽P♅	1*am*56	B
	☽□♄	4 45	B
	☽⊻♃	9 50	g
14 Tu	☽⊻☉	0*am*17	g
	♀P♇	0 25	
	☉⚼♅	7 12	
	☽⚼♇	7 32	b
	☿⊻♂	11 51	
15 W	☽P♄	0*am*26	B
	♀☍♅	1 8	
	☽⊻♂	4 28	g
	☽☌☿	6 15	G
	☽⊻♀	7 49	g
	♀±♆	11 28	
	☿▽♅	0*pm*40	
	☽△♇	2 0	G
	☽✱♄	6 12	G
	☽☍♆	8 15	B
	☽☌♃	11 59	G
16 Th	☿⊻♀	1*am*22	
	☽∠♂	0*pm*49	b
	☽⚼♅	1 32	b
	☽∠♀	4 48	b
	☿P♆	5 39	
	☽☌☉	6 23	D
17 F	♂☍♅	0*am* 3	
	☽∠♄	0 41	b
	☿△♇	7 6	
	♂±♆	1*pm*19	
	♀⊥♃	7 19	
	☽△♅	7 31	G

17	☽✱♂	8*pm*50	G
18 S	☽✱♀	1*am*27	G
	☽□♇	2 14	B
	☽⊻☿	5 54	g
	☽⊻♄	6 52	g
	☽P♄	9 5	B
	♀▽♇	11 13	
	☿✱♄	0*pm*13	
	☽⊻♃	1 11	g
	☿±♅	3 16	
	☿☍♆	8 15	
	♂P♅	11 16	
19 𝔖	☽⊻☉	11*am*4	g
	☽⚼♆	1*pm*43	b
	☿⊥♂	2 55	
	☽∠☿	5 8	b
	☽∠♃	7 13	b
	☿P♃	9 34	
20 M	☽P♂	2*am*35	B
	☽P♅	5 2	B
	☽□♅	6 24	B
	☿☌♃	7 8	
	☉∠♄	9 53	
	☽P♀	10 25	G
	☽□♂	11 28	B
	☽✱♇	1*pm* 1	G
	☽□♀	5 18	B
	☽☌♄	6 0	B
	☽∠☉	6 36	b
	☽△♆	6 44	G
21 Tu	☽P♇	0*am*35	D
	☽✱♃	0 45	G
	♀□♄	3 9	
	☽✱☿	3 46	G
	♀▽♆	11 1	
	♂▽♇	1*pm*58	
	♇Stat.	4 53	
	☽∠♇	5 41	b
22 W	♂⊥♃	0*am*43	
	☿⊥♀	1 19	
	☽✱☉	1 28	G
	☽✱♅	3*pm*19	G
	♀P♅	4 12	
	☽⊻♇	9 45	g
	☽△♂	11 39	G
	☿⚼♅	11 54	
23 Th	☉P☿	0*am* 0	
	☽⊻♄	2 58	g
	☽□♆	3 7	B
	☽△♀	6 31	G
	☽□♃	9 58	B
	♄△♆	4*pm*30	
	☽∠♅	6 48	b
	☽□☿	10 27	B
24 F	☽⚼♂	4*am*32	b
	☽∠♄	6 25	b
	☽⚼♀	11 52	b
	♀±♇	0*pm* 0	
	☽□☉	0 44	B
	☽⊻♅	9 35	g
25 S	☽☌♇	3*am*45	D
	☽✱♆	8 43	G
	☽✱♄	9 7	G
	♂▽♆	11 57	
	♀⊻♃	3*pm*11	
	☽△♃	4 11	G
	♂□♄	9 17	
26 𝔖	☿∠♄	2*am* 9	
	☿∠♂	4 14	
	☽∠♆	10 23	b

26	☽△☿	0*pm*32	G
	☽P♇	2 40	D
	☽⚼♃	6 5	b
	☽△☉	8 14	G
27 M	☽●♅	0*am*50	B
	☽⊻♇	6 44	g
	☽P♅	7 31	B
	☽⊻♆	11 21	g
	☽□♄	0*pm*10	B
	☽☍♂	1 54	B
	☽⚼☿	5 49	b
	☽P♀	6 30	G
	☽☍♀	10 18	B
	☽⚼☉	10 42	b
28 Tu	☽P♂	0*am*32	B
	☽∠♇	7 14	b
	☽P♄	4*pm* 5	B
29 W	☽⊻♅	1*am*34	g
	☽✱♇	7 18	G
	☽☌♆	11 40	D
	☽△♄	0*pm*53	G
	☉△♅	4 41	
	☽☍♃	8 10	B
	☿△♅	8 59	
	♂±♇	9 15	
	☿∠♀	11 4	
30 Th	☉☌☿	0*am*22	
	☽∠♅	1 24	b
	☽⊥♄	10 28	
	☽⚼♄	0*pm*52	b
	☽⚼♂	5 37	b
	☉∠♀	6 0	

JULY

1 F	☉⊥♄	1*am* 9	
	☽✱♅	1 11	G
	☽☍☉	3 24	B
	☽⚼♀	3 28	b
	☽☍☿	5 59	B
	☽□♇	6 59	B
	☽⊻♆	11 16	g
	☿□♇	0*pm*58	
	☽P♄	5 56	B
	☽△♂	6 46	G
2 S	☽P♂	0*am*11	B
	☽P♀	4 2	G
	☽△♀	5 23	G
	☽∠♆	11 26	b
	☿▽♆	6*pm*23	
	☽⚼♃	9 29	b
3 𝔖	☽P♅	1*am*42	B
	☽□♅	1 44	B
	♀⚼♇	6 15	
	☽△♇	7 51	G
	☿⊻♄	8 48	
	☉□♇	0*pm* 5	
	☽✱♆	0 13	G
	☽☍♄	2 28	B
	☽P♇	7 5	D
	☽□♂	10 51	B
	☽△♃	11 1	G
4 M	♂⊻♃	3*am*26	
	♂P♄	8 5	
	☽⚼♇	9 22	b
	☽⚼☉	10 54	b
	☽□♀	11 33	B
	☽⚼☿	9*pm*56	b
5 Tu	☽△♅	5*am*12	G
	♀P♄	9 59	

JULY—*contd.*

Date	Aspect	Time	Code
5	☿±♆	1*pm* 32	
	☽△☉	3 31	G
	☽□♆	4 28	B
	☿⊻♃	11 33	
6	☉⊽♆	4*am* 28	
W	☽□♃	5 9	B
	☽△☿	6 5	G
	☽✶♂	7 8	G
	☽⚼♅	8 28	b
	☉P♃	8 31	
	☿✶♂	3*pm* 32	
	☽✶♀	10 42	G
	☽⚼♄	11 31	b
7	☽∠♂	1*pm* 7	b
Th	☽☍♇	8 2	B
8	☽△♆	0*am* 51	G
F	☽□☉	4 39	B
	☽△♄	4 41	G
	☉⊻♄	4 49	
	☽∠♀	6 18	b
	☿P♃	1*pm* 36	
	☽✶♃	3 36	G
	☽⊻♂	8 15	g
9	☽□☿	3*am* 10	B
S	☽⚼♆	6 25	b
	☿⊥♃	6 55	
	☽P♇	11 43	D
	☉P☿	2*pm* 21	
	☽⊻♀	2 58	g
	☽∠♃	10 7	b
	☿⚼♆	10 41	
10	☽☍♅	0*am* 2	B
S	☿Q♇	5 51	
	☽P♅	8 53	B
	♀Q♄	1*pm* 3	
	☽□♄	5 14	B
	☽✶☉	9 53	G
	♀P♂	11 26	
11	☽⊻♃	5*am* 4	g
M	☽☌♂	0*pm* 33	B
	☽⚼♇	2 10	b
	☽P♄	7 37	B
12	☽✶☿	3*am* 44	G
Tu	☽∠☉	7 3	b
	☉±♆	8 7	
	☽●♀	9 52	G
	♂⚼♇	4*pm* 6	
	☿P♆	4 57	
	☽△♇	8 38	G
13	☽☍♆	1*am* 21	B
W	☽✶♄	6 44	G
	☽∠☿	3*pm* 48	b
	☽⊻☉	4 2	g
	♀⊽♅	6 39	
	☽☌♃	6 59	G
	☽⚼♅	7 11	b
14	☽⊻♂	5*am* 2	g
Th	♃⚼♅	5 27	
	☽∠♄	1*pm* 9	b
	☿□♅	1 36	
	☿∠♃	2 43	
15	☽△♅	1*am* 8	G
F	☽⊻☿	3 9	g
	☽⊻♀	4 9	g
	☽□♇	8 47	B
	☽∠♂	0*pm* 41	b
	☉⊻♃	2 46	
	☿✶♀	6 29	
15	☿P♀	6*pm* 36	
	☽⊻♄	7 9	g
16	☿P♂	0*am* 5	
S	☽P♄	5 10	B
	☽⊻♃	7 31	g
	☽☌☉	8 37	D
	♅Stat.	8 54	
	☽∠♀	0*pm* 28	b
	☿Q♂	1 5	
	☿✶♇	5 39	
	☽⚼♆	6 28	b
	☽✶♂	7 46	G
17	♀△♇	8*am* 10	
S	☽□♅	11 41	B
	☽P♅	0*pm* 27	B
	☽∠♃	1 3	b
	☽✶♇	7 9	G
	☽✶♀	8 11	G
	☽☌☿	11 13	G
	☽△♆	11 17	G
	☿△♆	11 39	
18	☽☌♄	5*am* 40	B
M	☽P♇	9 26	D
	☽✶♃	6*pm* 3	G
	☉P♆	7 3	
	☽⊻☉	10 48	g
	☽∠♇	11 37	b
19	♀±♅	6*am* 8	
Tu	♀☍♆	6 54	
	☽□♂	8 12	B
	☽✶♅	8*pm* 18	G
20	☿☌♄	2*am* 48	
W	☽⊻♇	3 35	g
	☽∠☉	4 57	b
	☽□♆	7 26	B
	☽□♀	9 45	B
	☽⊻♄	2*pm* 14	g
	☽⊻☿	3 45	g
	☿P♄	4 17	
	♅⊥♆	10 17	
	☽∠♅	11 55	b
21	☽□♃	2*am* 34	B
Th	☽✶☉	10 32	G
	☉⚼♆	2*pm* 1	
	☉P♀	4 58	
	☽∠♄	5 44	b
	☽△♂	6 19	G
	☽∠☿	10 43	b
22	☽⊻♅	2*am* 59	g
F	☽☌♇	10 3	D
	☉P♂	10 57	
	☽✶♆	1*pm* 37	G
	☉Q♇	2 39	
	♀✶♄	8 38	
	☽✶♄	8 42	G
	☽△♀	8 43	G
	☽⚼♂	10 28	b
23	☽✶☿	4*am* 48	G
S	☽△♃	8 53	G
	☽∠♆	3*pm* 52	b
	☉⊥♃	4 30	
	☽□☉	7 38	B
	☽P♇	8 37	D
24	☽⚼♀	1*am* 8	b
S	☽●♅	7 30	B
	☽⚼♃	11 10	b
	☽⊻♇	2*pm* 19	g
	☽P♅	4 4	B
	☽⊻♆	5 35	g
	☽P☿	6 45	G
24	☿✶♃	10*p* 31	
25	☽□♄	0*am* 54	B
M	☿P♅	8 6	
	☿Q♅	10 54	
	☽□☿	2*pm* 18	B
	♀P♆	3 11	
	☽P♄	3 33	B
	☽∠♇	3 36	b
26	☽△☉	2*am* 1	G
Tu	☿∠♇	3 15	
	☽☍♂	6 59	B
	☽⊻♅	9 52	g
	♂Q♄	0*pm* 30	
	☽✶♇	4 27	G
	☽☌♆	7 31	D
27	☽△♄	3*am* 4	G
W	☽⚼☉	4 24	b
	♀⚼♅	9 12	
	☽∠♅	10 27	b
	☽☍♀	10 33	B
	♂P♆	11 19	
	☽☍♃	2*pm* 57	B
	☽△☿	9 0	G
28	☽⚼♄	3*am* 41	b
Th	☽✶♅	10 50	G
	☽□♇	5*pm* 22	B
	☽⊻♆	8 17	g
	♂⊽♅	9 19	
	☽⚼☿	11 52	b
29	☽⚼♂	11*a* 54	b
F	☽P♄	2*pm* 49	B
	☽∠♆	8 43	b
	☿P♇	9 56	
30	♀☌♃	7*am* 39	
S	☽☍☉	10 52	B
	☽□♅	11 54	B
	☽P♅	0*pm* 13	B
	☽△♂	1 47	G
	☽⚼♃	5 29	b
	☽⚼♀	6 11	b
	☽△♇	6 39	G
	☽✶♆	9 31	G
31	☉□♅	2*am* 33	
S	☽☍♄	6 14	B
	☽P♇	8 11	D
	☽P☿	2*pm* 39	G
	☽△♃	7 9	G
	☽⚼♇	8 0	b
	☽△♀	9 42	G

AUGUST

Date	Aspect	Time	Code
1	☽☍☿	10*a* 36	B
M	☽△♅	2*pm* 58	G
	☽□♂	7 35	B
	☿⊥♇	9 26	
2	☽□♆	1*am* 3	B
Tu	♀P♂	5 35	
	☽⚼♅	5*pm* 46	b
	☽⚼☉	10 38	b
3	☽□♃	1*am* 0	B
W	☽□♀	8 3	B
	☿✶♅	0*pm* 29	
	☽⚼♄	2 40	b
4	♂△♇	0*am* 56	
Th	☽△☉	4 52	G
	☽☍♇	5 17	B
	☽✶♂	5 31	G
	☽△♆	8 17	G
	☉✶♇	10 27	
4	☉∠♃	2*pm* 40	
	☿Q♃	2 50	
	☽P☿	6 25	G
	☽△♄	7 28	G
5	☽⚼☿	6*am* 8	b
F	☉✶♂	7 49	
	☽✶♃	10 55	G
	☽∠♂	0*pm* 11	b
	☽⚼♆	1 19	b
	☽P♇	6 19	D
	☽✶♀	11 28	G
6	☉△♆	1*am* 17	
S	☽☍♅	7 56	B
	♂☍♆	8 42	
	☽△☿	2*pm* 43	G
	☽∠♃	5 10	b
	☽P♅	7 6	B
	♀∠♄	7 22	
	☽⊻♂	7 44	g
	☽□☉	8 40	B
	♂±♅	11 45	
7	☿⊻♇	7*am* 28	
S	☽□♄	7 32	B
	☽∠♀	8 41	b
	☽P♄	4*pm* 51	B
	☽P☉	9 39	G
	☽⚼♇	10 26	b
	☽⊻♃	11 55	g
8	☽⊻♀	6*pm* 19	g
M	☿□♆	6 59	
9	☽△♇	4*am* 54	G
Tu	☽☍♆	7 44	B
	☽□☿	8 51	B
	☽☌♂	0*pm* 2	B
	☉P♄	0 43	
	☽✶☉	2 42	G
	♀△♅	5 53	
	☽✶♄	8 55	G
10	☽⚼♅	2*am* 56	b
W	☽☌♃	1*pm* 30	G
	☽∠☉	11 27	b
11	☽∠♄	3*am* 17	b
Th	☽△♅	8 57	G
	☽☌♀	1*pm* 0	G
	☽□♇	5 6	B
12	☽✶☿	1*am* 19	G
F	☽⊻♂	3 17	g
	☽⊻☉	7 34	g
	☽⊻♄	9 8	g
13	☽P♄	0*am* 15	B
S	☽⚼♆	0 54	b
	☽⊻♃	1 25	g
	☉☌♄	6 29	
	☽∠☿	8 15	b
	♀□♇	9 14	
	☽∠♂	9 58	b
	☽P☉	10 39	G
	☽P♅	6*pm* 18	B
	☽□♅	7 18	B
14	☽✶♇	3*am* 8	G
S	☽⊻♀	4 53	g
	☽△♆	5 28	G
	☽∠♃	6 24	b
	♀⊽♆	11 13	
	☽⊻☿	2*pm* 16	g
	☽✶♂	3 54	G
	☽☌♄	6 58	B
	☽P♇	7 18	D
	☽☌☉	9 31	D
15	☽∠♇	7*am* 16	b
15	☽✶♃	10*a* 48	G
	☽∠♀	11 40	b
	♀⊥♄	1*pm* 51	
16	☉P♅	2*am* 13	
Tu	☽✶♅	3 17	G
	☽⊻♇	10 50	g
	☽□♆	0*pm* 57	B
	☽✶♀	5 44	G
	☽●☿	11 49	G
17	☽□♂	1*am* 50	B
W	☽⊻♄	2 29	g
	☽P☿	4 33	G
	☽∠♅	6 31	b
	☽⊻☉	8 40	g
	☽P☿	5*pm* 18	G
	☽□♃	5 57	B
	♂✶♄	6 16	
18	☽∠♄	5*am* 32	b
Th	☽⊻♅	9 19	g
	☽∠☉	1*pm* 26	b
	☽☌♇	4 38	D
	☽✶♆	6 32	G
19	☽□♀	4*am* 12	B
F	☽⊻☿	6 39	g
	☉Q♅	6 54	
	☽✶♄	8 12	G
	☽△♂	9 43	G
	♀±♆	2*pm* 25	
	♂P♃	3 29	
	☽✶☉	5 42	G
	☽∠♆	8 47	b
	☽△♃	11 26	G
20	☽P♇	0*am* 33	D
S	☽∠☿	9 12	b
	☉∠♇	0*pm* 3	
	☽⚼♂	1 2	b
	☽P☉	1 27	G
	☽☌♅	1 49	B
	☿✶♀	3 26	
	☽⊻♇	8 57	g
	☽⊻♆	10 42	g
21	☽P♅	0*am* 39	B
S	☽⚼♃	1 38	b
	♂⚼♅	6 53	
	♀⊻♄	8 26	
	☽✶☿	11 16	G
	☽□♄	0*pm* 30	B
	☽△♀	0 51	G
	☽P♄	1 7	B
	♀P♆	5 58	
	☽∠♇	10 37	b
22	☽□☉	1*am* 4	B
M	☿Stat.	1*pm* 52	
	☽⚼♀	4 35	b
	☽⊻♅	5 4	g
23	☽✶♇	0*am* 3	G
Tu	☽☌♆	1 38	D
	☽□☿	2*pm* 0	B
	☽△♄	3 39	G
	☽∠♅	6 20	b
	☉✶♃	7 44	
	☽☍♂	8 58	B
24	☽☍♃	6*am* 33	B
W	☽△☉	7 12	G
	☽⚼♄	4*pm* 58	b
	♀⊻♂	7 15	
	☽✶♅	7 28	G
	☉⊥♀	8 52	
25	☽□♇	2*am* 23	B
Th	☽⊻♆	3 51	g

AUGUST—*contd.*

25	☽⚼☉	10*am* 4	b
	♆Stat.	1*pm*18	
	☽△☿	3 29	G
26	☽☍♀	2*am*42	B
F	☽∠♆	4 58	b
	☽P♄	8 54	B
	☉P♇	11 40	
	☽⚼☿	4*pm* 3	b
	☽P♅	7 2	B
	☽□♅	9 54	B
27	☽⚼♂	3*am*54	b
S	☽△♇	4 53	G
	♀⚼♆	6 8	
	☽⚹♆	6 16	G
	☽⚼♃	10 58	b
	☽P♇	8*pm*17	D
	☽☍♄	9 27	B
	☽P☉	11 28	G
28	☽⚼♇	6*am*38	b
𝔖	☽△♂	6 46	G
	☽△♃	1*pm* 3	G
	☽☍☉	8 10	B
29	☽△♅	1*am*38	G
M	♀Q♇	3 50	
	☽□♆	10 15	B
	☽⚼♀	3*pm*15	b
	☽☍☿	6 57	B
	♀⚺♃	9 59	
30	☉⊥♇	3*am*33	
Tu	☽⚼♅	4 28	b
	☽P☿	5 22	G
	☽P☿	0*pm*51	G
	☽□♂	2 37	B
	☿∠♀	6 32	
	☽□♃	7 15	B
	☽△♀	9 7	G
31	☽⚼♄	6*am*24	b
W	☽☍♇	3*pm*48	B
	☽△♆	5 4	G

SEPTEMBER

1	☉⚹♅	4*am*10	
Th	☽P☉	10 48	G
	☽△♄	11 2	G
	☽⚼☉	1*pm*14	b
	☽⚼♆	9 45	b
2	☽P♇	0*am*47	D
F	☽⚼☿	1 59	b
	☽⚹♂	2 10	G
	☽⚹♃	4 48	G
	☽□♀	0*pm*10	B
	☽☍♅	5 53	B
	☽△☉	9 1	G
3	☽△☿	5*am*24	G
S	☽P♅	7 33	B
	☽∠♂	9 19	b
	☽∠♃	10 45	b
	☿Q♃	0*pm*50	
	☽P♄	3 20	B
	☽□♄	10 40	B
	☿Q♂	10 43	
4	☿⊥♀	2*am* 7	
𝔖	☽⚼♇	8 5	b
	☿□♆	8 44	
	♀⊥♂	11 27	
	♀⊥♃	4*pm*11	
	☽⚺♂	5 3	g

4	☽⚺♃	5*pm*15	g
	♂☌♃	10 3	
	☿⚺♇	10 15	
5	♀□♅	0*am*15	
M	☉☌☿	5 43	
	☽⚹♀	6 51	G
	☽□☿	1*pm*13	B
	☉⚺♇	1 45	
	☽P♀	1 51	G
	☽△♇	2 30	G
	☽□☉	2 33	B
	☽☍♆	3 34	B
6	☉□♆	2*am*57	
Tu	☽⚹♄	11 53	G
	☽⚼♅	0*pm*38	b
	☽∠♀	4 33	b
	☿⚺♀	9 9	
7	☽☌♃	6*am*30	G
W	☽☌♂	8 51	B
	☉Q♃	0*pm*14	
	☽∠♄	6 16	b
	☽△♅	6 49	G
	☽⚹☿	9 17	G
8	☽⚺♀	1*am*52	g
Th	☽□♇	2 55	B
	☽⚹☉	8 2	G
	☽P♀	11 18	G
	♀⚹♇	0*pm*47	
	♀△♆	9 45	
	☉P☿	10 7	
9	☽⚺♄	0*am* 8	g
F	☽∠☿	0 59	b
	☿⚹♅	8 59	
	☽⚼♆	9 12	b
	☽∠☉	3*pm*45	b
	☽⚺♃	6 6	g
	☽P♄	6 42	B
	☽⚺♂	10 40	g
	☽P♅	11 4	B
10	☽⚺☿	4*am*19	g
S	☽□♅	5 25	B
	☽⚹♇	1*pm* 7	G
	☽△♆	1 51	G
	☽☌♀	5 59	G
	☉Q♂	7 1	
	☽⚺☉	10 34	g
	☽∠♃	10 47	b
11	☽∠♂	4*am*19	b
𝔖	☽P♇	6 36	D
	☽☌♄	9 38	B
	☽∠♇	5*pm* 4	b
12	☽P☿	2*am*11	G
M	☽⚹♃	2 41	G
	☽⚹♂	9 6	G
	☽☌☿	9 53	G
	☽⚹♅	1*pm* 5	G
	☽⚺♇	8 19	g
	☽P☉	8 44	G
	☽□♆	8 54	B
	☿⚹♂	9 10	
13	☿⊥♇	0*am*58	
Tu	♀∠♃	2 37	
	☽⚺♀	6 9	g
	☽☌☉	9 23	D
	☽∠♅	3*pm*51	b
	☽⚺♄	4 10	g
14	☽□♃	8*am*27	B
W	☽∠♀	11 2	b
	☽P☉	1*pm*29	G
	☽⚺☿	2 14	g

14	☿Stat.	2*pm*50	
	☽□♂	4 28	B
	☽⚺♅	6 7	g
	☽∠♄	6 33	b
15	☽☌♇	1*am* 3	D
Th	☽⚹♆	1 31	G
	☽⚹♀	3*pm*19	G
	☽∠☿	4 11	b
	☽⚺☉	5 24	g
	☽P☿	6 4	G
	☽⚹♄	8 32	G
16	☽∠♆	3*am*13	b
F	☽P♇	4 26	D
	♂△♅	10 44	
	☽△♃	0*pm*21	G
	☿⊥♇	3 55	
	☽⚹☿	6 10	G
	☽∠☉	8 48	b
	☽☌♅	9 33	B
	☽△♂	9 58	G
17	☽⚺♇	4*am*18	g
S	☽⚺♆	4 40	g
	♂∠♄	6 5	
	♀P♄	7 43	
	☉∠♅	8 3	
	☽P♅	10 16	B
	☽P♀	10 26	G
	☽P♄	10 44	B
	♀P♅	11 43	
	☽⚼♃	1*pm*56	b
	☉⚺♄	8 14	
	☽□♀	10 56	B
	☽□♄	11 46	B
18	☽⚹☉	0*am* 1	G
𝔖	☽⚼♂	0 22	b
	☽∠♇	5 40	b
	♀☌♄	9 53	
	♄P♅	11 57	
	☽□☿	10*p* 38	B
19	☽⚺♅	0*am*20	g
M	♀∠♂	5 58	
	☽⚹♇	7 1	G
	☽☌♆	7 17	D
20	☽∠♅	1*am*43	b
Tu	☽△♄	2 46	G
	☽△♀	6 13	G
	☽□☉	6 18	B
	☿⚹♅	8 8	
	☉⚺♀	11 50	
	♀Q♅	1*pm*18	
	☽☍♃	6 26	B
21	☽⚹♅	3*am*12	G
W	☽⚼♄	4 23	b
	☽△☿	4 27	G
	☽☍♂	7 34	B
	♀∠♇	8 38	
	☽□♇	9 55	B
	☽⚼♀	10 2	b
	☽⚺♆	10 6	g
22	☽⚼☿	8*am* 6	b
Th	☽∠♆	11 47	b
	☽△☉	1*pm*13	G
	☽P♅	9 54	B
	☽P♄	11 53	B
23	☽□♅	6*am*49	B
F	☽△♇	1*pm*38	G
	☽⚹♆	1 44	G
	☽P♀	4 48	G
	☽⚼☉	5 9	b
	♂□♇	10 32	

24	☽⚼♃	0*am*18	b
S	♂∇♆	0 44	
	☿⚺♇	2 37	
	☿□♆	3 28	
	☿⚹♂	5 29	
	☽P♇	6 21	D
	☽☍♄	10 41	B
	☽⚼♇	4*pm* 0	b
	☽⚼♂	4 43	b
	☉⊥♄	6 59	
	☉Q♆	7 11	
	☽P☿	10 12	G
	☽☍♀	11 35	B
25	☽△♃	2*am*58	G
𝔖	☽△♅	11 50	G
	☽□♆	6*pm*52	B
	☽△♂	8 39	G
	☽☍☿	11 20	B
26	♆⚹♇	4*am* 0	
M	☽P☉	9 56	G
	☿Q♃	11 57	
	☽⚼♅	3*pm* 7	b
	♀⚹♃	3 40	
27	☉⊥♅	0*am*57	
Tu	☽P☉	2 14	G
	☽☍☉	8 17	B
	☽□♃	9 53	B
	☽⚼♄	9*pm* 5	b
28	☽△♆	2*am*12	G
W	☽☍♇	2 16	B
	☽P☿	3 50	G
	☽□♂	6 30	B
	☉□♃	6 52	
	♀P♇	5*pm* 6	
	☽⚼♀	6 58	b
	♀⊥♇	11 46	
29	☽△♄	1*am*49	G
Th	☽P♀	4 59	G
	☽P♇	6 26	D
	☽⚼♆	6 52	b
	☽⚹♃	7*pm*24	G
	☽⚼☿	11 47	b
30	☽△♀	3*am*11	G
F	☽☍♅	4 50	B
	♂P♃	8 47	
	☽P♄	2*pm*35	B
	☽⚹♂	7 19	G
	♀⚹♅	8 20	
	☽P♅	8 42	B

OCTOBER

1	☽∠♃	1*am* 7	b
S	☽⚼☉	6 31	b
	☽△☿	10 16	G
	☿∠♅	1*pm*14	
	☽□♄	1 15	B
	☽⚼♇	6 17	b
	☉P☿	11 0	
2	☽∠♂	2*am*40	b
𝔖	☽⚺♃	7 19	g
	☿⚺♄	8 20	
	☽△☉	3*pm*19	G
	☽□♀	9 51	B
3	☽☍♆	0*am*18	B
M	☽△♇	0 35	G
	☽⚺♂	10 22	g
	☉⚺♅	0*pm*13	
	♀□♆	10 5	
	☽⚼♅	11 27	b
4	♀⚺♇	1*am*13	
Tu	☽⚹♄	2 18	G
	☽□☿	9 8	B
	☽☌♃	8*pm*17	G
5	☉∠♄	1*am*49	
W	☽△♅	5 50	G
	☽∠♄	8 47	b
	☿Q♂	9 14	
	☽□☉	9 21	B
	☿Q♆	10 1	
	♂±♆	11 55	
	☽□♇	1*pm*19	B
	☽⚹♀	5 18	G
	☿⊥♄	11 23	
6	☽☌♂	1*am*29	B
Th	☽⚺♄	2*pm*50	g
	☽⚼♆	6 42	b
	☿⊥♅	8 23	
7	♀Q♃	1*am*28	
F	☽∠♀	2 12	b
	☽P♅	3 1	B
	☉⚹♆	6 2	
	☽⚹☿	6 58	G
	☽⚺♃	7 58	g
	☉☌♇	11 30	
	☽P♄	0*pm*13	B
	☿□♃	2 8	
	☽□♅	5 7	B
	♂⊥♄	5 51	
	☉P♀	9 53	
	☽△♆	11 46	G
8	☽⚹♇	0*am*12	G
S	☽⚹☉	1 14	G
	☽⚺♀	10 5	g
	☽∠♃	0*pm*44	b
	☽⚺♂	2 1	g
	☽∠☿	4 14	b
	☽P♇	6 36	D
9	☽☌♄	0*am*40	B
𝔖	☽∠♇	4 24	b
	☽∠☉	7 37	b
	☽P☉	3*pm*47	G
	☽⚹♃	4 33	G
	☽∠♂	6 49	b
10	☽⚺☿	0*am* 7	g
M	☽⚹♅	1 11	G
	☽P♀	1 47	G
	☽□♆	7 14	B
	☽⚺♇	7 42	g
	☿⚺♅	8 21	
	☽P☿	0*pm*35	G
	☽⚺☉	0 54	g
	☽☌♀	10 16	G
	☽⚹♂	10 37	G
11	☽∠♅	3*am*51	b
Tu	♀⚹♂	4 35	
	☽⚺♄	6 52	g
	☿∠♄	8 36	
	☿P♀	9*pm* 4	
	☽□♃	9 37	B
12	☽P♀	1*am*13	G
W	☽P☿	2 38	G
	☽⚺♅	5 47	g
	☿⚹♆	6 56	
	☽∠♄	8 47	b
	☿☌♇	11 5	
	☽⚹♆	11 24	G
	☽☌♇	11 54	D
	☽☌☿	0*pm* 1	G
	☽☌●	8 31	D

OCT.—*contd.*

12	☽ P ☉	10*pm*45	G
13	☽ □ ♂	3*am*43	B
Th	☽ ⊻ ♀	6 22	g
	☽ ⚹ ♄	10 6	G
	☽ P ♇	10 24	D
	☽ ∠ ♆	0*pm*32	b
	♀ ∠ ♅	3 18	
14	☽ △ ♃	0*am* 3	G
F	☽ ☌ ♅	8 0	B
	☽ ∠ ♀	9 28	b
	☽ P ♄	11 27	B
	☽ ⊻ ♆	1*pm*19	g
	☽ ⊻ ♇	1 51	g
	☽ ⊻ ☿	8 33	g
	☽ P ♅	9 59	B
15	☽ ⚼ ♃	0*am*44	b
S	☽ ⊻ ☉	1 43	g
	♀ ⊻ ♄	5 9	
	☽ △ ♂	6 52	G
	☽ □ ♄	11 45	B
	☽ ⚹ ♀	0*pm*19	G
	☽ ∠ ♇	2 29	b
16	☽ ∠ ☿	0*am*23	b
𝕾	☽ ∠ ☉	4 3	b
	☽ ⚼ ♂	8 16	b
	☽ ⊻ ♅	9 21	g
	☽ ☌ ♆	2*pm*33	D
	☽ ⚹ ♇	3 9	G
17	☽ ⚹ ☿	4*am*19	G
M	☽ ⚹ ☉	6 33	G
	☽ ∠ ♅	10 12	b
	☽ △ ♄	1*pm*24	G
	☽ □ ♀	6 18	B
18	☉ P ♇	2*am*19	
Tu	☽ ☍ ♃	3 0	B
	☽ ⚹ ♅	11 20	G
	☽ ⚼ ♄	2*pm*39	b
	☽ ⊻ ♆	4 33	g
	☽ □ ♇	5 12	B
	♀ Q ♆	7 12	
	☉ ☌ ☿	11 18	
19	☽ □ ☉	0*pm*46	B
W	☿ P ♇	1 26	
	☽ □ ☿	1 32	B
	☽ ☍ ♂	2 7	B
	☽ ∠ ♆	6 12	b
	☿ □ ♂	8 5	
	☽ P ♅	10 55	B
20	☽ △ ♀	2*am* 5	G
Th	♀ ⊥ ♄	10 26	
	☽ P ♄	0*pm*21	B
	☿ ⚹ ♄	2 13	
	☽ □ ♅	3 3	B
	☽ ⚹ ♆	8 21	G
	☽ △ ♇	9 4	G
	☉ □ ♂	10 48	
21	☉ P ☿	4*am*13	
F	☿ ∠ ♆	5 0	
	☽ P ☿	6 29	G
	☽ P ☉	6 41	G
	♀ ⊥ ♅	6 43	
	☽ ⚼ ♀	7 0	b
	☽ ⚼ ♃	8 35	b
	☽ P ♇	2*pm*36	D
	☉ ⚹ ♄	7 23	
	☽ ☍ ♄	9 24	B
	☽ △ ☉	9 33	G
	☽ ⚼ ♇	11 49	b

22	♀ □ ♃	0*am*21	
S	☽ △ ☿	1 36	G
	☽ △ ♃	11 32	G
	☉ ∠ ♆	6*pm*45	
	☽ △ ♅	8 59	G
23	☽ ⚼ ♂	0*am*42	b
𝕾	☽ □ ♆	2 23	B
	♂ ⊻ ♄	2 53	
	☽ ⚼ ☉	3 0	b
	☽ ⚼ ☿	8 52	b
	☽ P ♀	1*pm*41	G
24	☽ ⚼ ♅	0*am*50	b
M	☽ △ ♂	5 30	G
	♃ Stat.	10 2	
	☽ P ♀	1*pm*18	G
	☽ □ ♃	7 9	B
	☿ P ♄	7 46	
25	☽ ☍ ♀	2*am*23	B
Tu	♂ ⚼ ♆	5 30	
	☽ ⚼ ♄	9 16	b
	☿ △ ♃	10 21	
	☽ △ ♆	10 42	G
	☽ ☍ ♇	11 34	B
26	♀ ⊻ ♅	8*am*39	
W	☽ P ♇	11 15	D
	☽ △ ♄	2*pm*19	G
	☽ ⚼ ♆	3 40	b
	☽ □ ♂	4 49	B
	♀ Q ♂	5 0	
	☿ ⊥ ♆	7 34	
	☽ ☍ ☉	11 35	B
27	☽ ⚹ ♃	4*am*52	G
Th	☽ ☍ ☿	11 19	B
	☽ P ☉	1*pm*37	G
	☽ P ♄	2 57	B
	☽ ☍ ♅	3 37	B
	☿ P ♅	6 48	
28	☉ P ♄	0*am* 4	
F	♀ ∠ ♄	4 19	
	☿ Q ♄	8 2	
	☽ P ♅	9 21	B
	☽ ∠ ♃	10 25	b
	☽ P ☿	2*pm*45	G
	♀ ⚹ ♆	4 35	
	☿ ☌ ♅	9 20	
29	☽ □ ♄	1*am*52	B
S	♀ ☌ ♇	1 59	
	☽ ⚼ ♇	3 59	b
	☽ ⚼ ♀	4 13	b
	☽ ⚹ ♂	6 14	G
	☉ △ ♃	3*pm*24	
	☽ ⊻ ♃	4 22	g
30	☽ ☍ ♆	9*am*17	B
𝕾	☽ △ ♇	10 15	G
	☽ ∠ ♂	1*pm*29	b
	☽ △ ♀	1 55	G
	☿ ⊻ ♆	3 50	
	☿ ⊻ ♇	11 24	
31	☽ ⚼ ☉	1*am*31	b
M	☽ ⚼ ♅	10 17	b
	♂ P ♆	0*pm*12	
	☽ ⚹ ♄	2 44	G
	☽ ⚼ ☿	7 18	b
	☽ ⊻ ♂	8 56	g

NOVEMBER

1	☉ ⊥ ♆	2*am* 2	
Tu	☽ ☌ ♃	4 54	G
	☽ △ ☉	10 41	G

1	☽ P ☿	3*pm*20	G
	☽ △ ♅	4 48	G
	☽ ∠ ♄	9 16	b
	☽ □ ♇	11 8	B
2	☽ △ ☿	6*am*10	G
W	☽ □ ♀	9 41	B
3	☽ ⊻ ♄	3*am*30	g
Th	☽ ⚼ ♆	4 16	b
	☽ P ♅	6 29	B
	☽ P ☉	6 47	G
	☉ P ♅	9 17	
	☽ ☌ ♂	11 14	B
	♂ Q ♇	11 32	
	☽ ⊻ ♃	4*pm*51	g
	☿ ⚼ ♃	7 18	
	☉ Q ♄	7 23	
	☿ ⊥ ♇	9 58	
4	☽ P ♄	3*am*32	B
F	☽ □ ☉	3 58	B
	☽ □ ♅	4 52	B
	☽ △ ♆	9 52	G
	☽ ⚹ ♇	10 51	G
	☉ ☌ ♅	3*pm*43	
	☽ ∠ ♃	10 0	b
5	☽ □ ☿	1*am*50	B
S	☽ ⚹ ♀	3 21	G
	☽ P ♇	6 21	D
	☽ ☌ ♄	2*pm* 6	B
	☽ P ♀	3 8	G
	☽ ∠ ♇	3 38	b
	☽ ⊻ ♂	10 52	g
6	☽ ⚹ ♃	2*am*16	G
𝕾	☽ ∠ ♀	10 32	b
	☽ ⚹ ♅	2*pm* 0	G
	☽ ⚹ ☉	5 35	G
	☽ □ ♆	6 33	B
	☽ ⊻ ♇	7 28	g
7	☽ ∠ ♂	3*am* 8	b
M	☉ ⊻ ♆	6 36	
	☿ P ♂	1*pm*33	
	☿ ⊻ ♀	2 24	
	☽ ⊻ ♀	4 23	g
	☽ ⚹ ☿	4 24	G
	☽ ∠ ♅	5 5	b
	☉ ⊻ ♇	7 19	
	☽ ⊻ ♄	9 0	g
	☽ ∠ ☉	10 34	b
8	☽ ⚹ ♂	6*am*19	G
Th	☽ □ ♃	7 54	B
	♀ P ♇	8 59	
	☿ P ♆	1*pm*32	
	☽ ⊻ ♅	7 13	g
	☽ ∠ ☿	9 34	b
	☽ ∠ ♄	10 59	b
	☽ ⚹ ♆	11 21	G
9	☽ ☌ ♇	0*am*15	D
W	☽ ⊻ ☉	2 20	g
	☿ □ ♄	11 10	
	☿ ± ♃	0*pm*45	
	☽ P ♇	7 9	D
	♀ ⚹ ♄	8 53	
	☿ ∠ ♇	10 56	
	☽ P ♀	11 40	G
10	☽ ⚹ ♄	0*am* 7	G
Th	☽ ● ♀	0 24	G
	☽ ∠ ♆	0 26	b
	♀ ∠ ♆	0 43	
	☽ ⊻ ☿	1 32	g
	☽ □ ♂	9 52	B
	☽ △ ♃	9 58	G

10	♂ ⊻ ♃	1*pm*14	
	☽ P ♄	5 7	B
	☽ ☌ ♅	9 3	B
11	☽ ⊻ ♆	0*am*52	g
F	☽ ⊻ ♇	1 42	g
	☽ ☌ ☉	7 9	D
	☽ ⚼ ♃	10 4	b
	☽ P ♅	0*pm*17	B
12	☽ □ ♄	0*am*40	B
S	☽ ∠ ♇	1 44	b
	☽ ⊻ ♀	5 9	g
	☽ ☌ ☿	7 13	G
	☽ △ ♂	11 2	G
	☽ P ☉	6*pm*16	G
	☽ ⊻ ♅	9 8	g
13	☉ ⚼ ♃	0*am*11	
𝕾	☽ ☌ ♆	0 49	D
	☽ ⚹ ♇	1 38	G
	☿ P ♃	6 18	
	☽ ∠ ♀	7 9	b
	☿ ▽ ♃	9 14	
	☽ ⊻ ☉	10 21	g
	☽ ⚼ ♂	11 25	b
	☽ ∠ ♅	9*pm* 9	b
	☉ ⊥ ♇	11 33	
14	☽ △ ♄	0*am*37	G
M	☿ △ ♂	7 28	
	☽ P ☉	8 54	G
	☽ ⚹ ♀	9 23	G
	☽ ☍ ♃	9 35	B
	♀ △ ♃	11 31	
	☽ ∠ ☉	0*pm*10	b
	☽ ⊻ ☿	0 23	g
	☽ ⚹ ♅	9 29	G
15	☽ ⚼ ♄	1*am* 0	b
Tu	☽ ⊻ ♆	1 10	g
	☽ □ ♇	2 1	B
	☽ ⚹ ☉	2*pm*33	G
	☽ ∠ ☿	3 43	b
	♀ P ♄	10 15	
16	♀ □ ♂	1*am* 2	
W	☽ P ♅	1 32	B
	☽ ∠ ♆	2 6	b
	☽ ☍ ♂	2*pm*47	B
	☽ □ ☿	3 48	B
	☽ ⚹ ☿	7 56	G
	☽ P ♀	8 21	G
	☽ P ♄	11 22	B
	☽ □ ♅	11 56	B
17	☽ ⚹ ♆	3*am*45	G
Th	☽ △ ♇	4 38	G
	♀ ⊥ ♆	10 8	
	☽ ⚼ ♃	0*pm*37	b
	☽ □ ☉	9 52	B
	☽ P ♇	10 38	D
18	☽ ☍ ♄	6*am* 5	B
F	☽ ⚼ ♇	7 7	b
	☿ ⊻ ♅	0*pm* 2	
	☽ △ ♃	3 10	G
19	☽ △ ♀	2*am*13	G
S	☽ △ ♅	5 35	G
	☽ □ ☿	7 41	B
	☽ □ ♆	9 32	B
	♀ Q ♄	7*pm*57	
20	☽ ⚼ ♂	0*am*55	b
𝕾	☿ ☌ ♆	1 2	
	☽ ⚼ ♀	9 5	b
	☽ △ ☉	9 22	G
	☿ ⚹ ♇	9 34	
	☽ ⚼ ♅	9 38	b

20	♀ ☌ ♅	2*pm*54	
	☽ □ ♃	10 32	B
21	☽ △ ♂	5*am*55	G
M	☉ ± ♃	7 16	
	☽ ⚼ ☉	4*pm*30	b
	☽ ⚼ ♄	6 17	b
	☽ △ ♆	6 25	G
	☽ ☍ ♇	7 21	B
	☽ △ ☿	11 36	G
22	☉ P ♂	5*am*13	
Tu	♀ ⊻ ♆	8 23	
	☉ □ ♄	3*pm*19	
	☽ P ♇	4 8	D
	♀ P ♅	5 45	
	♀ ⊻ ♇	5 49	
	☿ ⊥ ♅	10 11	
	☽ △ ♄	11 37	G
	☽ ⚼ ♆	11 45	b
23	☉ ∠ ♇	4*am*39	
W	☽ ⚹ ♃	8 23	G
	☽ ⚼ ☿	8 44	b
	☽ □ ♂	5*pm*36	B
	☽ P ♄	5 47	B
24	☽ ☍ ♅	1*am*29	B
Th	☽ ☍ ♀	10 37	B
	☽ ∠ ♃	1*pm*56	b
	☽ P ♅	9 26	B
25	☽ P ♀	9*am* 9	G
F	☽ □ ♄	11 26	B
	☽ ⚼ ♇	0*pm*31	b
	♀ ⚼ ♃	4 24	
	☽ ☍ ☉	5 31	B
	☽ ⊻ ♃	7 45	g
26	☽ ⚹ ♂	6*am*40	G
S	☉ ▽ ♃	5*pm*23	
	☽ ☍ ♆	5 53	B
	☽ △ ♇	6 48	G
27	☿ ⚼ ♂	5*am*49	
𝕾	☽ ∠ ♂	1*pm*27	b
	☽ ☍ ☿	2 14	B
	♀ ⊥ ♇	3 19	
	☽ ⚼ ♅	8 23	b
	☉ P ♆	10 54	
28	☽ ⚹ ♄	0*am* 5	G
M	♂ ⊥ ♃	2 19	
	☽ ☌ ♃	7 48	G
	☽ ⚼ ♀	3*pm*56	b
	☽ ⊻ ♂	8 15	g
29	☽ P ♀	1*am*18	G
Tu	☽ △ ♅	2 53	G
	☽ ∠ ♄	6 30	b
	☽ □ ♇	7 37	B
	☿ Q ♇	1*pm*21	
	☽ ⚼ ☉	8 53	b
30	☽ △ ♀	1*am*47	G
W	☿ ∠ ♅	3 31	
	☽ P ♅	9 35	B
	☽ ⊻ ♄	0*pm*45	g
	☽ ⚼ ♆	1 3	b
	☽ ⊻ ♃	7 43	g

DECEMBER

1	☽ △ ☉	5*am*42	G
Th	☽ ☌ ♂	9 18	B
	☽ P ♄	2*pm*51	B
	☽ □ ♅	3 18	B
	☿ △ ♄	4 28	
	☽ ⚼ ☿	6 53	b
	☽ △ ♆	6 59	G

DEC.—*contd.*

1	☽⚹♇	7*pm*47	G
2	☽∠♃	1*am*12	b
F	♀±♃	6 47	
	☽P♇	4*pm*24	D
	☽□♀	8 4	B
3	☽☌♄	0*am* 1	B
S	☽∠♇	1 8	b
	☽△☿	2 58	G
	☽⚹♃	6 5	G
	☉△♂	6 24	
	☽⊻♂	8*pm*12	g
	☽□☉	9 16	B
4	☽⚹♅	1*am*35	G
Su	☽□♆	4 59	B
	☽⊻♇	5 40	g
	♀□♄	11 27	
	☿☍♃	2*pm*28	
	♀∠♇	10 56	
5	☽∠♂	0*am*20	b
M	☽∠♅	5 24	b
	☽⊻♄	8 12	g
	☽⚹♀	10 22	G
	☽□♃	1*pm*20	B
	☽□☿	3 11	B
6	☽⚹♂	3*am*23	G
Tu	☉⊻♅	6 30	
	☽⊻♅	8 13	g
	☽⚹☉	8 21	G
	♀P♂	9 5	
	☽∠♄	10 50	b
	☽⚹♆	11 19	G
	☽☌♇	11 56	D
	♀∇♃	3*pm*27	
	☽∠♀	3 30	b
	☿±♂	7 26	
7	☽P♇	5*am*44	D
W	☽∠☉	0*pm* 1	b
	☽⚹♄	0 27	G
	☽∠♆	0 58	b
	☽△♃	4 43	G

7	☽⊻♀	7*pm*22	g
	☽⚹☿	9 40	G
8	☉☌♆	1*am*51	
Th	☽P♄	3 20	B
	☽□♂	6 28	B
	☉⚹♇	9 37	
	☽☌♅	10 55	B
	☽⊻♆	1*pm*44	g
	☽⊻♇	2 14	g
	☽⊻☉	2 34	g
	☽⚼♃	5 6	b
	☽∠☿	11 3	b
9	☽P♅	4*am*21	B
F	☽□♄	1*pm*14	B
	☿⊻♀	2 5	
	☽∠♇	2 18	b
	☽⊻☿	11 33	g
10	☽☌♀	0*am* 9	G
S	☽△♂	6 32	G
	☽⊻♅	10 50	g
	☽☌♆	1*pm*27	D
	☽⚹♇	1 55	G
	☽☌☉	5 33	D
11	☽⚼♂	6*am* 2	b
Su	♀P♆	7 41	
	☽∠♅	10 22	b
	♄Stat.	11 44	
	☽△♄	0*pm*18	G
	☽☍♃	3 30	B
	☽☌☿	11 7	G
12	☿Stat.	1*am*49	
M	☽⊻♀	3 22	g
	☽⚹♅	10 0	G
	☽⚼♄	11 53	b
	☉⊥♅	0*pm*17	
	☽⊻♆	0 39	g
	☽□♇	1 3	B
	♂Stat.	6 21	
	☽⊻☉	8 5	g
13	☉P♃	5*am*12	
Tu	☽∠♀	5 23	b
	♀△♂	6 24	

13	☽P♅	7*am*47	B
	☽∠♆	0*pm*44	b
	☽∠☉	10 5	b
	☽⊻☿	10 38	g
14	☽☍♂	5*am*55	B
W	☽⚹♀	8 11	G
	☽P♄	9 40	B
	☽□♅	10 46	B
	☽⚹♆	1*pm*30	G
	☽△♇	1 52	G
	☽⚼♃	3 21	b
	☽∠☿	10 55	b
15	☉P☿	0*am*13	
Th	☽⚹☉	1 3	G
	☽P♇	7 51	D
	☿P♃	8 38	
	☽☍♄	2*pm* 6	B
	♀⊻♅	3 10	
	☽⚼♇	3 31	b
	☽△♃	4 46	G
	☽⚹☿	11 42	G
16	☽△♅	2*pm*56	G
F	☿±♂	4 46	
	☽□♀	5 20	B
	☽□♆	5 50	B
	♀☌♆	10 49	
17	♀⚹♇	2*am*16	
S	☽□☉	10 37	B
	☽⚼♂	0*pm*31	b
	☿P♀	0 38	
	☽⚼♅	6 33	b
	☽□♃	10 29	B
18	☽□☿	2*am*49	B
Su	☉⚼♂	9 21	
	☽△♂	4*pm*37	G
19	☽⚼♄	0*am*37	b
M	☽△♆	2 8	G
	☽☍♇	2 24	B
	☽△♀	7 45	G
	☽P♇	10*p* 42	D
20	☽△☉	1*am* 3	G
Tu	☿☍♃	5 41	

20	☽△♄	5*am*51	G
	☽⚼♆	7 32	b
	☽△☿	7 34	G
	☽⚹♃	7 45	G
	☉Q♇	10 31	
	♀⊥♅	2*pm*27	
	☽⚼♀	4 35	b
	☿△♄	11 14	
21	☽P♄	0*am*53	B
W	☽□♂	2 55	B
	☽⚼☉	9 33	b
	☿∠♅	10 19	
	☽⚼☿	10 22	b
	☽☍♅	10 23	B
	☿P♆	0*pm*53	
	☽∠♃	1 16	b
	☉☌☿	2 9	
	☉∠♅	7 48	
22	☽P♅	9*am*36	B
Th	☉△♄	9 42	
	☿Q♇	9 59	
	♀P♃	11 34	
	☽□♄	5*pm*44	B
	☽⊻♃	7 6	g
	☽⚼♇	7 50	b
23	☉☍♃	0*am*40	
F	☿P♂	5 56	
	☽⚹♂	2*pm*37	G
24	☽☍♆	2*am* 7	B
S	☽△♇	2 12	G
	♀⚼♂	10 56	
	☿☌♀	0*pm*35	
	☿⚼♂	2 55	
	☽☍☿	8 7	B
	☽∠♂	8 33	b
	☽☍♀	9 51	B
	☉P♀	11 34	
25	☽⚼♅	5*am*31	b
Su	☽⚹♄	6 16	G
	☽☌♃	7 3	G
	☽☍☉	0*pm*49	B
	♆⚹♇	8 0	

26	☽⊻♂	2*am*24	g
M	☉±♂	5 29	
	☽△♅	11 53	G
	☽∠♄	0*pm*27	b
	☽□♇	2 50	B
	♀Q♇	6 13	
27	☽P♅	0*pm*28	B
Tu	☽⊻♄	6 28	g
	☽⊻♃	6 43	g
	☽⚼♆	9 4	b
28	♀∠♅	0*am*48	
W	♀△♄	3 44	
	♀☍♃	5 13	
	☽⚼☿	8 14	b
	♂P♆	10 54	
	☽☌♂	1*pm*32	B
	☽P♄	9 7	B
29	♃⚹♄	0*am* 0	
Th	☽□♅	0 5	B
	☽∠♃	0 15	b
	☽⚼♀	2 42	b
	☽⚹♇	2 49	G
	☽△♆	2 58	G
	♃⚼♅	11 19	
	☽△☿	0*pm*46	G
	☽⚼☉	3 7	b
	☉P♃	7 12	
	☽P♇	11 54	D
30	☽⚹♃	5*am*24	G
F	☽☌♄	5 39	B
	☽∠♇	8 18	b
	☽△♀	11 29	G
	♀±♂	2*pm*59	
	☿⊥♅	5 39	
	☽△☉	10 59	G
	☽⊻♂	11 18	g
31	☉∇♂	2*am* 7	
S	☽⚹♅	10 46	G
	☽⊻♇	1*pm*15	g
	☽□♆	1 30	B
	☽□☿	9 54	B

NOTE.—To obtain Local Mean Time of aspect, *add* the time equivalent of the Longitude if *East* and *subtract* if *West*.

EPHEMERIS TIME

Since this Ephemeris is now calculated in E.T. it will be necessary to convert G.M.T. to E.T. before finding the positions from the tables.

The approximate value of $\triangle T$ in 1977 is +48 seconds. Therefore to convert G.M.T. to E.T. add 48 seconds.

Note that one hour must be subtracted from B.S.T. to give G.M.T.

DISTANCES APART OF ALL ☌'s AND ☍'s IN 1977.

Note: The Distances Apart are in Declination.

JANUARY

1	☽ ● ♃	2am34	0	48
3	☽ ☍ ♆	1 12	2	1
4	☽ ☍ ♂	0pm17	5	5
5	☽ ☍ ☉	0 10	4	48
5	☽ ☍ ☿	3 33	2	15
6	☉ ☌ ☿	8am 8	2	45
7	☽ ☌ ♄	8pm49	5	29
9	☽ ☍ ♀	9am 2	4	49
12	☽ ☌ ♇	5 32	16	59
12	☿ ☌ ♂	4pm17	4	4
14	☽ ● ♅	3am59	0	34
14	☽ ☍ ♃	8pm33	0	55
16	☽ ☌ ♆	0 29	2	8
18	☽ ☌ ☿	0am52	1	48
18	☽ ☌ ♂	10 50	5	34
19	☽ ☌ ☉	2pm11	4	54
20	☽ ☍ ♄	4 4	5	30
23	☽ ☌ ♀	8am47	2	46
25	☽ ☍ ♇	7 1	16	59
27	☽ ☍ ♅	2pm18	0	42
28	☽ ☌ ♃	10am17	1	7
30	☽ ☍ ♆	10 52	2	15

FEBRUARY

2	☽ ☍ ☿	2am52	4	35
2	☉ ☍ ♄	9 36	0	55
2	☽ ☍ ♂	2pm21	5	50
4	☽ ☌ ♄	0am29	5	33
4	☽ ☍ ☉	3 56	4	34
7	☽ ☍ ♀	7pm23	0	1
8	☽ ☌ ♇	10am45	16	59
10	☽ ● ♅	10 10	0	51
11	☽ ☍ ♃	4 12	1	23
12	☿ ☌ ♂	7pm49	0	6
12	☽ ☌ ♆	8 8	2	22
16	☽ ☌ ♂	9am 0	5	50
16	☽ ☌ ☿	1pm43	6	12
16	☽ ☍ ♄	9 13	5	37
18	☽ ☌ ☉	3am37	3	59
18	♀ ☍ ♇	1pm53	19	9
19	☿ ☍ ♄	6am43	0	41
21	☽ ☍ ♇	3pm 5	17	1
21	☽ ☌ ♀	7 40	2	47
23	☽ ☍ ♅	10 47	0	57
24	♂ ☍ ♄	2 52	0	5
24	☽ ☌ ♃	11 18	1	40
26	☽ ☍ ♆	8 16	2	29

MARCH

3	☽ ☌ ♄	6am 1	5	42
3	☽ ☍ ♂	4pm43	5	36
4	☽ ☍ ☿	11 15	5	42
5	☽ ☍ ☉	5 13	3	4
7	☽ ☌ ♇	5 12	17	4
8	☽ ☍ ♀	9am40	5	31
9	☽ ● ♅	3pm51	1	0
10	☽ ☍ ♃	3 35	1	57
12	☽ ☌ ♆	1am59	2	34
16	☽ ☍ ♄	0 50	5	47
16	☉ ☌ ☿	5 28	1	21
17	☽ ☌ ♂	8 10	5	11
19	☽ ☌ ☉	6pm33	2	4
20	☽ ☌ ☿	2am35	2	39
20	☽ ☍ ♇	9pm53	17	7
21	☽ ☌ ♀	6 59	7	7
23	☽ ☍ ♅	5am36	1	1
24	☽ ☌ ♃	3pm49	2	14
25	☿ ☍ ♇	0am 5	16	1

MARCH—*continued*

26	☽ ☍ ♆	4am23	2	38
29	☿ ☌ ♀	3 6	6	53
30	☽ ☌ ♄	1pm29	5	51

APRIL

1	☽ ☍ ♂	6pm38	4	32
2	☉ ☍ ♇	4 41	16	11
4	☽ ☌ ♇	1am43	17	10
4	☽ ☍ ☉	4 9	0	51
4	☽ ☍ ♀	9 27	6	33
5	☽ ☍ ☿	11 33	2	41
5	☽ ● ♅	11pm 1	0	59
6	☉ ☌ ♀	6am32	5	56
7	☽ ☍ ♃	7 20	2	29
8	☽ ☌ ♆	8 25	2	38
11	☿ ☍ ♅	7 32	3	4
12	☽ ☍ ♄	5 10	5	51
12	♀ ☍ ♇	1pm47	20	10
15	☽ ☌ ♂	8am30	3	51
16	☽ ☌ ♀	11pm13	3	57
17	☽ ☍ ♇	3am10	17	11
18	☽ ☌ ●	10 35	0	20
19	☽ ☍ ♅	10 35	0	56
19	☽ ☌ ☿	7pm14	4	29
21	☽ ☌ ♃	10am 4	2	46
22	☽ ☍ ♆	10 46	2	36
26	☽ ☌ ♄	10pm10	5	51
30	☉ ☍ ♅	5am43	0	26
30	☉ ☌ ☿	4pm44	0	43
30	☽ ☍ ♂	7 17	2	55

MAY

1	☽ ☍ ♀	5am27	0	48
1	☿ ☍ ♅	11 9	0	57
1	☽ ☌ ♇	11 18	17	10
3	☽ ☍ ☿	6 4	1	15
3	☽ ● ♅	7 45	0	54
3	☽ ☍ ☉	1pm 3	1	37
5	☽ ☍ ♃	2am34	2	58
5	☽ ☌ ♆	4pm41	2	34
9	☽ ☍ ♄	0 36	5	48
11	♀ ☍ ♇	4 5	16	24
13	♂ ☍ ♇	0am37	14	59
14	☽ ☍ ♇	7 40	17	6
14	☽ ☌ ♂	9 49	2	2
14	☽ ● ♀	10 32	1	0
16	♀ ☌ ♂	1 58	0	46
16	☽ ☌ ☿	6 1	1	53
16	☽ ☍ ♅	2pm25	0	51
18	☽ ☌ ☉	2am51	2	46
19	☽ ☌ ♃	4 55	3	11
19	☽ ☍ ♆	3pm45	2	30
24	☽ ☌ ♄	7am38	5	40
24	☿ ☍ ♅	9 6	2	57
28	☽ ☌ ♇	8pm16	16	57
29	☽ ☍ ♀	4 27	1	42
29	☽ ☍ ♂	5 52	0	56
30	☽ ● ♅	4 48	0	51
31	☽ ☍ ☿	3am21	1	23

JUNE

1	☽ ☍ ☉	8pm31	3	46
1	☽ ☍ ♃	11 28	3	24
2	☽ ☌ ♆	2am16	2	28
4	☉ ☌ ♃	9 37	0	29
5	☉ ☍ ♆	1pm55	1	31
5	☽ ☍ ♄	11 59	5	34
6	♀ ☌ ♂	10 53	1	16

JUNE—*continued*

8	♃ ☍ ♆	8pm53	0	53
10	☽ ☍ ♇	0 54	16	48
12	☽ ● ♂	11am29	0	3
12	☽ ☌ ♀	1pm33	1	18
12	☽ ☍ ♅	6 27	0	51
15	♀ ☍ ♅	1am 8	2	10
15	☽ ☌ ☿	6 15	2	17
15	☽ ☍ ♆	8pm15	2	26
15	☽ ☌ ♃	11 59	3	36
16	☽ ☌ ☉	6 23	4	30
17	♂ ☍ ♅	0am 3	0	29
18	☿ ☍ ♆	8pm15	0	56
20	☿ ☌ ♃	7am 8	0	8
20	☽ ☌ ♄	6pm 0	5	25
25	☽ ☌ ♇	3am45	16	35
27	☽ ● ♅	0 50	0	57
27	☽ ☍ ♂	1pm54	1	10
27	☽ ☍ ♀	10 18	0	24
29	☽ ☌ ♆	11am40	2	28
29	☽ ☍ ♃	8pm10	3	49
30	☉ ☌ ☿	0am22	1	16

JULY

1	☽ ☍ ☉	3am24	4	54
1	☽ ☍ ☿	5 59	6	19
3	☽ ☍ ♄	2pm28	5	18
7	☽ ☍ ♇	8 2	16	21
10	☽ ☍ ♅	0am 2	1	2
11	☽ ☌ ♂	0pm33	2	6
12	☽ ● ♀	9am52	0	56
13	☽ ☍ ♆	1 21	2	31
13	☽ ☌ ♃	6pm59	4	1
16	☽ ☌ ☉	8am37	4	55
17	☽ ☌ ☿	11pm13	5	49
18	☽ ☌ ♄	5am40	5	9
19	♀ ☍ ♆	6 54	0	56
20	☿ ☌ ♄	2 48	0	19
22	☽ ☌ ♇	10 3	16	5
24	☽ ● ♅	7 30	1	10
26	☽ ☍ ♂	6 59	3	8
26	☽ ☌ ♆	7pm31	2	37
27	☽ ☍ ♀	10am33	2	26
27	☽ ☍ ♃	2pm57	4	13
30	♀ ☌ ♃	7am39	1	33
30	☽ ☍ ☉	10 52	4	36
31	☽ ☍ ♄	6 14	5	4

AUGUST

1	☽ ☍ ☿	10am36	2	51
4	☽ ☍ ♇	5 17	15	53
6	☽ ☍ ♅	7 56	1	18
6	♂ ☍ ♆	8 42	1	7
9	☽ ☍ ♆	7 44	2	42
9	☽ ☌ ♂	0pm 2	3	58
10	☽ ☌ ♃	1 30	4	23
11	☽ ☌ ♀	1 0	3	42
13	☉ ☌ ♄	6am29	0	59
14	☽ ☌ ♄	6pm58	4	58
14	☽ ☌ ☉	9 31	3	56
16	☽ ● ☿	11 49	0	46
18	☽ ☌ ♇	4 38	15	41
20	☽ ☌ ♅	1 49	1	26
23	☽ ☌ ♆	1am38	2	49
23	☽ ☍ ♂	8pm58	4	40
24	☽ ☍ ♃	6am33	4	33
26	☽ ☍ ♀	2 42	5	28
27	☽ ☍ ♄	9pm27	4	55
28	☽ ☍ ☉	8 10	3	7
29	☽ ☍ ☿	6 57	2	55
31	☽ ☍ ♇	3 48	15	32

SEPTEMBER

2	☽ ☍ ♅	5pm53	1	32
4	♂ ☌ ♃	10 3	0	30
5	☉ ☌ ☿	5am43	3	30
5	☽ ☍ ♆	3pm34	2	55
7	☽ ☌ ♃	6am30	4	41
7	☽ ☌ ♂	8 51	5	15
10	☽ ☌ ♀	5pm59	4	39
11	☽ ☌ ♄	9am38	4	51
12	☽ ☌ ☿	9 53	1	24
13	☽ ☌ ☉	9 23	2	2
15	☽ ☌ ♇	1 3	15	25
16	☽ ☌ ♅	9pm33	1	39
18	♀ ☌ ♄	9am53	0	21
19	☽ ☌ ♆	7 17	2	59
20	☽ ☍ ♃	6pm26	4	47
21	☽ ☍ ♂	7am34	5	39
24	☽ ☍ ♄	10 41	4	49
24	☽ ☍ ♀	11pm35	4	13
25	☽ ☍ ☿	11 20	3	48
27	☽ ☍ ☉	8am17	0	56
28	☽ ☍ ♇	2 16	15	21
30	☽ ☍ ♅	4 50	1	44

OCTOBER

3	☽ ☍ ♆	0am18	3	2
4	☽ ☌ ♃	8pm17	4	50
6	☽ ☌ ♂	1am29	5	57
7	☉ ☌ ♇	11 30	15	14
9	☽ ☌ ♄	0 40	4	46
10	☽ ☌ ♀	10pm16	3	12
12	☿ ☌ ♇	11am 5	13	55
12	☽ ☌ ♇	11 54	15	19
12	☽ ☌ ☿	0pm 1	1	24
12	☽ ☌ ●	8 31	0	21
14	☽ ☌ ♅	8am 0	1	48
16	☽ ☌ ♆	2pm33	3	4
18	☽ ☍ ♃	3am 0	4	51
18	☉ ☌ ☿	11pm18	0	45
19	☽ ☍ ♂	2 7	6	9
21	☽ ☍ ♄	9 24	4	43
25	☽ ☍ ♀	2am23	1	54
25	☽ ☍ ♇	11 34	15	19
26	☽ ☍ ☉	11pm35	1	33
27	☽ ☍ ☿	11am19	2	10
27	☽ ☍ ♅	3pm37	1	51
28	☿ ☌ ♅	9 20	0	20
29	♀ ☌ ♇	1am59	13	50
30	☽ ☍ ♆	9 17	3	4

NOVEMBER

1	☽ ☌ ♃	4am54	4	49
3	☽ ☌ ♂	11 14	6	19
4	☉ ☌ ♅	3pm43	0	22
5	☽ ☌ ♄	2 6	4	38
9	☽ ☌ ♇	0am15	15	18
10	☽ ● ♀	0 24	0	6
10	☽ ☌ ♅	9pm 3	1	56
11	☽ ☌ ☉	7am 9	2	47
12	☽ ☌ ☿	7 13	5	35
13	☽ ☌ ♆	0 49	3	3
14	☽ ☍ ♃	9 35	4	47
16	☽ ☍ ♂	2pm47	6	31
18	☽ ☍ ♄	6am 5	4	35
20	☿ ☌ ♆	1 2	3	41
20	♀ ☌ ♅	2pm54	0	48
21	☽ ☍ ♇	7 21	15	18
24	☽ ☍ ♅	1am29	2	0
24	☽ ☍ ♀	10 37	1	38
25	☽ ☍ ☉	5pm31	3	48

DISTANCES APART OF ALL ☌'s AND ☍'s IN 1977.

NOTE: The Distances Apart are in Declination.

NOVEMBER—*cont.*			
26	☽ ☍ ♆	5pm53	3 2
27	☽ ☍ ☿	2 14	7 18
28	☽ ☌ ♃	7am48	4 43
DECEMBER			
1	☽ ☌ ♂	9am18	6 48
3	☽ ☌ ♄	0 1	4 29
4	☿ ☍ ♃	2pm28	2 24

DECEMBER—*cont.*			
6	☽ ☌ ♇	11am56	15 17
8	☉ ☌ ♆	1 51	1 25
8	☽ ☌ ♅	10 55	2 7
10	☽ ☌ ♀	0 9	3 29
10	☽ ☌ ♆	1pm27	3 4
10	☽ ☌ ☉	5 33	4 35
11	☽ ☍ ♃	3 30	4 41
11	☽ ☌ ☿	11 7	5 51

DECEMBER—*cont.*			
14	☽ ☍ ♂	5am55	7 13
15	☽ ☍ ♄	2pm 6	4 26
16	♀ ☌ ♆	10 49	1 6
19	☽ ☍ ♇	2am24	15 16
20	☿ ☍ ♃	5 41	1 28
21	☽ ☍ ♅	10 23	2 14
21	☉ ☌ ☿	2pm 9	1 8
23	☉ ☍ ♃	0am40	0 15

DECEMBER—*cont.*			
24	☽ ☍ ♆	2am 7	3 5
24	☿ ☌ ♀	0pm35	2 46
24	☽ ☍ ☿	8 7	1 58
24	☽ ☍ ♀	9 51	4 50
25	☽ ☌ ♃	7am 3	4 39
25	☽ ☍ ☉	0pm49	4 57
28	♀ ☍ ♃	5am13	0 37
28	☽ ☌ ♂	1pm32	7 48
30	☽ ☌ ♄	5am39	4 22

TIME WHEN THE SUN AND MOON ENTER THE ZODIACAL SIGNS IN 1977.

JANUARY			FEBRUARY			MARCH			APRIL			MAY			JUNE		
1	☽ ♊	7pm43	3	☽ ♌	0am12	2	☽ ♌	9am25	1	☽ ♍	1am25	2	☽ ♏	4pm23	1	☽ ♐	2am54
4	☽ ♋	7am12	5	☽ ♍	6 17	4	☽ ♍	3pm19	3	☽ ♎	4 38	4	☽ ♐	4 0	3	☽ ♑	2 8
6	☽ ♌	4pm20	7	☽ ♎	10 36	6	☽ ♎	6 34	5	☽ ♏	5 40	6	☽ ♑	3 55	5	☽ ♒	2 45
8	☽ ♍	11 24	9	☽ ♏	2pm 5	8	☽ ♏	8 38	7	☽ ♐	6 10	8	☽ ♒	6 2	7	☽ ♓	6 38
11	☽ ♎	4am48	11	☽ ♐	5 12	10	☽ ♐	10 42	9	☽ ♑	7 42	10	☽ ♓	11 29	9	☽ ♈	2pm35
13	☽ ♏	8 44	13	☽ ♑	8 14	13	☽ ♑	1am41	11	☽ ♒	11 24	13	☽ ♈	8am31	12	☽ ♉	1am57
15	☽ ♐	11 19	15	☽ ♒	11 45	15	☽ ♒	6 1	13	☽ ♓	5pm51	15	☽ ♉	8pm 5	14	☽ ♊	2pm50
17	☽ ♑	1pm 2	18	☽ ♓	4am46	17	☽ ♓	0pm 6	16	☽ ♈	2am53	18	☽ ♊	8am51	17	☽ ♋	3am29
19	☽ ♒	3 13	18	☉ ♓	6pm31	19	☽ ♈	8 24	18	☽ ♉	2pm 3	20	☽ ♋	9pm36	19	☽ ♌	2pm53
20	☉ ♒	4am16	20	☽ ♈	0 24	20	☉ ♈	5 43	20	☉ ♉	4am58	21	☉ ♊	4am15	21	☉ ♋	0 15
21	☽ ♓	7pm32	22	☽ ♉	11 7	22	☽ ♉	7am 7	21	☽ ♊	2 38	23	☽ ♌	9 13	22	☽ ♍	0am29
24	☽ ♈	3am21	25	☽ ♊	11am50	24	☽ ♊	7pm40	23	☽ ♋	3pm25	25	☽ ♍	6pm30	24	☽ ♎	7 35
26	☽ ♉	2pm42	28	☽ ♋	0 2	27	☽ ♋	8am17	26	☽ ♌	2am42	28	☽ ♎	0am29	26	☽ ♏	11 42
29	☽ ♊	3am37				29	☽ ♌	6pm39	28	☽ ♍	10 52	30	☽ ♏	2 56	28	☽ ♐	1pm 2
31	☽ ♋	3pm19							30	☽ ♎	3pm12				30	☽ ♑	0 49

JULY			AUGUST			SEPTEMBER			OCTOBER			NOVEMBER			DECEMBER		
2	☽ ♒	0pm57	1	☽ ♓	1am24	2	☽ ♉	0am53	1	☽ ♊	8pm34	3	☽ ♌	5am 3	2	☽ ♍	11pm 6
4	☽ ♓	3 33	3	☽ ♈	6 56	4	☽ ♊	0pm27	4	☽ ♋	9am 9	5	☽ ♍	3pm16	5	☽ ♎	7am17
6	☽ ♈	10 4	5	☽ ♉	4pm19	7	☽ ♋	1am 3	6	☽ ♌	8pm58	7	☽ ♎	9 50	7	☽ ♏	11 33
9	☽ ♉	8am34	8	☽ ♊	4am30	9	☽ ♌	0pm14	9	☽ ♍	5am58	10	☽ ♏	0am42	9	☽ ♐	0pm22
11	☽ ♊	9pm16	10	☽ ♋	5pm 4	11	☽ ♍	8 34	11	☽ ♎	11 30	12	☽ ♐	1 4	11	☽ ♑	11am26
14	☽ ♋	9am50	13	☽ ♌	3am56	14	☽ ♎	2am 8	13	☽ ♏	2pm11	14	☽ ♑	0 51	13	☽ ♒	11 0
16	☽ ♌	8pm51	15	☽ ♍	0pm26	16	☽ ♏	5 45	15	☽ ♐	3 28	16	☽ ♒	2 1	15	☽ ♓	1pm10
19	☽ ♍	5am58	17	☽ ♎	6 49	18	☽ ♐	8 28	17	☽ ♑	4 52	18	☽ ♓	6 0	17	☽ ♈	7 13
21	☽ ♎	1pm 9	19	☽ ♏	11 36	20	☽ ♑	11 5	19	☽ ♒	7 37	20	☽ ♈	1pm14	20	☽ ♉	4am55
22	☉ ♌	11 5	22	☽ ♐	3am 3	22	☽ ♒	2pm13	22	☽ ♓	0am27	22	☉ ♐	10am 8	21	☉ ♑	11pm24
23	☽ ♏	6 13	23	☉ ♍	6 1	23	☉ ♎	3am30	23	☉ ♏	0pm42	22	☽ ♉	11pm10	22	☽ ♊	4 52
25	☽ ♐	9 4	24	☽ ♑	5 31	24	☽ ♓	6pm31	24	☽ ♈	7am35	25	☽ ♊	10am49	25	☽ ♋	5am30
27	☽ ♑	10 15	26	☽ ♒	7 42	27	☽ ♈	0am41	26	☽ ♉	4pm54	27	☽ ♋	11pm20	27	☽ ♌	5pm52
29	☽ ♒	11 5	28	☽ ♓	10 47	29	☽ ♉	9 23	29	☽ ♊	4am 9	30	☽ ♌	11am53	30	☽ ♍	5am13
			30	☽ ♈	4pm13				31	☽ ♋	4pm40						

THE POSITION OF PLUTO (♇) IN 1977.

Date	Long.	Lat.	Dec.	Date	Long.	Lat.	Dec.	Date	Long.	Lat.	Dec.
	° ′	° ′	° ′		° ′	° ′	° ′		° ′	° ′	° ′
Jan. 1	14♎ 8	16 N58	10 N 4	May 11	11♎50	17 N28	11 N24	Sept. 18	13♎21	16 N32	9 N58
11	14 11	17 4	10 9	21	11 ℞39	17 24	11 25	28	13 44	16 31	9 49
21	14 ℞11	17 10	10 14	31	11 31	17 20	11 24	Oct. 8	14 7	16 31	9 40
31	14 7	17 16	10 20	June 10	11 26	17 15	11 21	18	14 31	16 32	9 32
Feb. 10	14 0	17 21	10 28	20	11 24	17 10	11 17	28	14 54	16 34	9 24
20	13 51	17 25	10 36	30	11 D25	17 4	11 11	Nov. 7	15 16	16 36	9 18
Mar. 2	13 38	17 29	10 44	July 10	11 30	16 59	11 5	17	15 36	16 39	9 14
12	13 24	17 32	10 52	20	11 38	16 54	10 57	27	15 54	16 43	9 11
22	13 8	17 34	11 0	30	11 49	16 49	10 48	Dec. 7	16 10	16 48	9 9
Apr. 1	12 51	17 35	11 7	Aug. 9	12 3	16 44	10 39	17	16 23	16 53	9 9
11	12 35	17 35	11 13	19	12 19	16 40	10 29	27	16 33	16 59	9 11
21	12 18	17 34	11 18	29	12 38	16 37	10 19	31	16♎36	17 N 1	9 N12
May 1	12♎ 3	17 N31	11 N22	Sept. 8	12♎59	16 N34	10 N 8				

LOCAL MEAN TIME OF SUNRISE FOR LATITUDES
60° North to 50° South
FOR ALL SUNDAYS IN 1977 (ALL TIMES ARE A.M.)

Date		NORTHERN LATITUDES									SOUTHERN LATITUDES				
	LONDON	60°	55°	50°	40°	30°	20°	10°	0°	10°	20°	30°	40°	50°
	H M	H M	H M	H M	H M	H M	H M	H M	H M	H M	H M	H M	H M	H M
1976 Dec. 26	8 5	9 3	8 25	7 58	7 20	6 54	6 33	6 14	5 57	5 39	5 21	4 59	4 30	3 5
1977 Jan. 2	8 5	9 2	8 25	7 58	7 22	6 56	6 35	6 17	6 0	5 43	5 25	5 3	4 36	3 5
,, 9	8 4	8 56	8 21	7 57	7 22	6 57	6 37	6 20	6 3	5 47	5 29	5 9	4 42	4
,, 16	7 59	8 47	8 15	7 52	7 20	6 57	6 38	6 22	6 6	5 50	5 34	5 15	4 51	4
,, 23	7 52	8 34	8 6	7 45	7 16	6 55	6 38	6 22	6 8	5 54	5 38	5 20	4 58	4
,, 30	7 42	8 19	7 55	7 37	7 11	6 52	6 36	6 23	6 10	5 57	5 43	5 26	5 6	4
Feb. 6	7 32	8 2	7 42	7 27	7 4	6 47	6 33	6 22	6 11	6 0	5 47	5 33	5 15	4
,, 13	7 19	7 44	7 27	7 15	6 56	6 42	6 30	6 20	6 11	6 1	5 51	5 39	5 23	5
,, 20	7 5	7 25	7 11	7 2	6 47	6 36	6 26	6 18	6 10	6 3	5 55	5 45	5 33	5
,, 27	6 51	7 5	6 55	6 48	6 37	6 29	6 21	6 15	6 9	6 4	5 57	5 50	5 40	5
Mar. 6	6 36	6 44	6 38	6 34	6 26	6 21	6 16	6 12	6 8	6 4	5 59	5 54	5 48	5
,, 13	6 20	6 24	6 21	6 19	6 15	6 13	6 10	6 8	6 6	6 4	6 1	5 58	5 55	5
,, 20	6 4	6 3	6 3	6 4	6 4	6 4	6 4	6 4	6 4	6 4	6 4	6 3	6 2	6
,, 27	5 48	5 41	5 45	5 48	5 53	5 56	5 58	6 0	6 2	6 4	6 6	6 7	6 10	6
Apr. 3	5 33	5 20	5 27	5 33	5 41	5 47	5 52	5 56	6 0	6 3	6 7	6 12	6 17	6
,, 10	5 17	4 59	5 10	5 18	5 30	5 39	5 46	5 52	5 58	6 3	6 9	6 15	6 24	6
,, 17	5 1	4 38	4 53	5 4	5 20	5 31	5 41	5 49	5 56	6 4	6 11	6 20	6 31	6
,, 24	4 47	4 18	4 36	4 50	5 10	5 24	5 36	5 46	5 55	6 4	6 13	6 24	6 38	6
May 1	4 33	3 59	4 21	4 37	5 0	5 18	5 31	5 43	5 54	6 5	6 16	6 29	6 45	7
,, 8	4 20	3 40	4 6	4 25	4 52	5 12	5 27	5 41	5 53	6 5	6 18	6 33	6 51	7
,, 15	4 9	3 23	3 53	4 15	4 45	5 7	5 24	5 39	5 53	6 6	6 21	6 38	6 58	7
,, 22	3 59	3 7	3 41	4 6	4 39	5 3	5 22	5 38	5 53	6 8	6 23	6 42	7 4	7
,, 29	3 52	2 54	3 32	3 58	4 35	5 0	5 20	5 38	5 54	6 10	6 26	6 46	7 10	7
June 5	3 46	2 44	3 25	3 53	4 32	4 59	5 20	5 38	5 55	6 11	6 29	6 49	7 14	7
,, 12	3 43	2 38	3 21	3 51	4 31	4 58	5 20	5 39	5 56	6 13	6 31	6 53	7 19	7
,, 19	3 42	2 35	3 20	3 50	4 31	4 59	5 21	5 40	5 57	6 15	6 33	6 55	7 21	7
,, 26	3 44	2 38	3 22	3 52	4 32	5 1	5 23	5 41	5 59	6 16	6 34	6 56	7 22	7
July 3	3 47	2 44	3 27	3 56	4 36	5 3	5 25	5 43	6 0	6 17	6 35	6 56	7 22	7
,, 10	3 54	2 54	3 34	4 2	4 40	5 6	5 27	5 45	6 2	6 18	6 36	6 56	7 20	7
,, 17	4 2	3 7	3 44	4 9	4 45	5 10	5 30	5 47	6 2	6 18	6 35	6 54	7 17	7
,, 24	4 11	3 22	3 55	4 18	4 51	5 14	5 32	5 48	6 3	6 17	6 33	6 50	7 12	7
,, 31	4 21	3 37	4 6	4 27	4 57	5 18	5 35	5 49	6 3	6 16	6 30	6 46	7 6	7
Aug. 7	4 32	3 53	4 19	4 37	5 4	5 22	5 37	5 50	6 2	6 14	6 27	6 41	6 59	7
,, 14	4 43	4 11	4 32	4 48	5 10	5 27	5 39	5 51	6 1	6 11	6 22	6 34	6 49	7
,, 21	4 53	4 28	4 45	4 58	5 17	5 31	5 41	5 51	6 0	6 8	6 18	6 28	6 40	6
,, 28	5 5	4 45	4 58	5 8	5 24	5 35	5 43	5 51	5 58	6 5	6 12	6 21	6 31	6
Sept. 4	5 16	5 1	5 11	5 19	5 30	5 38	5 45	5 51	5 56	6 1	6 6	6 12	6 19	6
,, 11	5 28	5 18	5 24	5 29	5 37	5 42	5 46	5 50	5 53	5 57	6 0	6 4	6 8	6
,, 18	5 38	5 34	5 37	5 40	5 43	5 46	5 48	5 50	5 51	5 52	5 53	5 55	5 56	5
,, 25	5 50	5 51	5 50	5 50	5 50	5 50	5 49	5 49	5 49	5 48	5 47	5 46	5 44	5
Oct. 2	6 1	6 7	6 4	6 1	5 57	5 54	5 51	5 49	5 46	5 44	5 41	5 38	5 33	5
,, 9	6 13	6 24	6 17	6 12	6 4	5 58	5 53	5 48	5 44	5 40	5 35	5 30	5 23	5
,, 16	6 25	6 41	6 31	6 23	6 11	6 2	5 55	5 49	5 42	5 36	5 29	5 21	5 11	4
,, 23	6 37	6 59	6 45	6 34	6 19	6 7	5 58	5 49	5 41	5 33	5 24	5 14	5 1	4
,, 30	6 49	7 17	6 59	6 46	6 27	6 12	6 1	5 50	5 40	5 30	5 20	5 7	4 52	4
Nov. 7	7 2	7 35	7 13	6 58	6 35	6 18	6 4	5 52	5 40	5 29	5 16	5 2	4 44	4
,, 13	7 14	7 52	7 27	7 9	6 43	6 23	6 8	5 54	5 41	5 28	5 14	4 57	4 37	4
,, 20	7 26	8 9	7 41	7 20	6 51	6 29	6 12	5 57	5 42	5 27	5 12	4 53	4 31	3
,, 27	7 37	8 26	7 54	7 31	6 58	6 35	6 16	6 0	5 44	5 29	5 12	4 52	4 27	3
Dec. 4	7 47	8 40	8 5	7 40	7 5	6 40	6 20	6 3	5 47	5 30	5 12	4 51	4 25	3
,, 11	7 56	8 51	8 15	7 48	7 12	6 45	6 25	6 7	5 50	5 32	5 14	4 52	4 25	3
,, 18	8 2	8 59	8 21	7 54	7 17	6 50	6 29	6 10	5 53	5 36	5 17	4 55	4 27	3
,, 25	8 6	9 3	8 25	7 57	7 20	6 53	6 32	6 14	5 56	5 39	5 20	4 58	4 30	3
1978 Jan. 1	8 6	9 2	8 25	7 59	7 22	6 56	6 35	6 17	6 0	5 42	5 23	5 2	4 35	3

Example:—To find the time of Sunrise in Jamaica (Latitude 18°N.) on Wednesday June 15th. 1977. On June 12th. L.M.T. = 5h. 20m. + $\frac{9}{16}$ × 19m. = 5h. 24m., on June 19th. L.M.T. = 5h. 21m. + $\frac{9}{16}$ × 19m. = 5h. 25m., therefore L.M.T. on June 15th. = 5h. 24m. + $\frac{3}{7}$ × 1m. = 5h. 24m. A.M.

LOCAL MEAN TIME OF SUNSET FOR LATITUDES
60° North to 50° South
FOR ALL SUNDAYS IN 1977 (ALL TIMES ARE P.M.)

| Date | LON-DON | NORTHERN LATITUDES | | | | | | | 0° | SOUTHERN LATITUDES | | | | |
		60°	55°	50°	40°	30°	20°	10°		10°	20°	30°	40°	50°
1976														
Dec. 26	3 56	2 58	3 36	4 3	4 41	5 7	5 28	5 47	6 5	6 22	6 40	7 3	7 31	8 11
1977														
Jan. 2	4 3	3 6	3 44	4 10	4 46	5 12	5 33	5 51	6 8	6 25	6 43	7 5	7 32	8 12
,, 9	4 11	3 19	3 53	4 18	4 53	5 18	5 37	5 55	6 11	6 28	6 44	7 6	7 32	8 10
,, 16	4 21	3 34	4 5	4 28	5 0	5 23	5 42	5 58	6 13	6 29	6 45	7 5	7 29	8 5
,, 23	4 33	3 51	4 18	4 39	5 8	5 29	5 46	6 1	6 15	6 30	6 45	7 3	7 25	7 57
,, 30	4 45	4 9	4 32	4 51	5 17	5 35	5 51	6 4	6 17	6 30	6 44	7 0	7 20	7 48
Feb. 6	4 58	4 27	4 47	5 3	5 25	5 41	5 55	6 7	6 18	6 29	6 41	6 55	7 13	7 37
,, 13	5 10	4 45	5 2	5 15	5 33	5 47	5 58	6 8	6 18	6 27	6 38	6 49	7 4	7 25
,, 20	5 23	5 4	5 17	5 27	5 41	5 53	6 1	6 9	6 17	6 25	6 34	6 43	6 55	7 12
,, 27	5 36	5 22	5 31	5 38	5 49	5 58	6 4	6 10	6 16	6 22	6 29	6 36	6 45	6 58
Mar. 6	5 48	5 39	5 45	5 50	5 57	6 3	6 7	6 11	6 15	6 19	6 23	6 28	6 34	6 43
,, 13	6 0	5 57	5 59	6 1	6 5	6 7	6 9	6 11	6 13	6 15	6 17	6 20	6 23	6 28
,, 20	6 12	6 14	6 13	6 13	6 12	6 11	6 11	6 11	6 11	6 11	6 11	6 12	6 13	6 14
,, 27	6 24	6 31	6 27	6 24	6 19	6 16	6 13	6 11	6 9	6 7	6 5	6 3	6 1	5 58
Apr. 3	6 36	6 48	6 41	6 35	6 26	6 20	6 15	6 11	6 7	6 2	5 58	5 54	5 48	5 43
,, 10	6 47	7 5	6 54	6 46	6 33	6 24	6 17	6 11	6 5	5 58	5 53	5 47	5 38	5 28
,, 17	6 59	7 22	7 7	6 57	6 40	6 28	6 19	6 11	6 3	5 55	5 48	5 39	5 28	5 13
,, 24	7 11	7 40	7 21	7 8	6 47	6 33	6 21	6 11	6 2	5 52	5 43	5 32	5 19	5 0
May 1	7 23	7 57	7 35	7 18	6 54	6 37	6 23	6 12	6 0	5 50	5 39	5 26	5 10	4 48
,, 8	7 33	8 15	7 48	7 29	7 1	6 42	6 26	6 13	6 0	5 48	5 34	5 19	5 1	4 36
,, 15	7 44	8 31	8 1	7 39	7 8	6 46	6 29	6 14	6 0	5 46	5 31	5 14	4 53	4 25
,, 22	7 55	8 47	8 13	7 48	7 14	6 51	6 32	6 15	6 0	5 45	5 29	5 11	4 49	4 17
,, 29	8 4	9 2	8 23	7 57	7 20	6 55	6 35	6 17	6 1	5 45	5 28	5 9	4 45	4 11
June 5	8 11	9 14	8 32	8 4	7 25	6 58	6 37	6 19	6 2	5 45	5 27	5 7	4 42	4 6
,, 12	8 17	9 22	8 39	8 9	7 29	7 1	6 39	6 21	6 3	5 47	5 28	5 7	4 41	4 4
,, 19	8 20	9 27	8 42	8 12	7 32	7 4	6 41	6 22	6 5	5 48	5 29	5 8	4 41	4 3
,, 26	8 20	9 28	8 43	8 13	7 33	7 5	6 43	6 24	6 6	5 49	5 30	5 9	4 43	4 5
July 3	8 20	9 24	8 40	8 12	7 32	7 5	6 43	6 25	6 8	5 50	5 32	5 11	4 45	4 9
,, 10	8 16	9 15	8 35	8 8	7 30	7 4	6 43	6 26	6 9	5 52	5 35	5 15	4 50	4 15
,, 17	8 10	9 4	8 28	8 2	7 27	7 2	6 42	6 25	6 10	5 54	5 38	5 19	4 56	4 23
,, 24	8 1	8 50	8 17	7 54	7 22	6 59	6 40	6 24	6 10	5 56	5 40	5 23	5 1	4 31
,, 31	7 51	8 34	8 5	7 44	7 15	6 54	6 37	6 23	6 10	5 57	5 43	5 27	5 7	4 40
Aug. 7	7 39	8 16	7 51	7 33	7 7	6 48	6 34	6 21	6 9	5 58	5 45	5 31	5 13	4 49
,, 14	7 26	7 57	7 36	7 21	6 58	6 42	6 30	6 18	6 8	5 58	5 47	5 35	5 20	4 59
,, 21	7 12	7 37	7 20	7 7	6 49	6 35	6 25	6 15	6 6	5 58	5 49	5 39	5 26	5 10
,, 28	6 57	7 16	7 3	6 53	6 38	6 27	6 19	6 11	6 5	5 58	5 51	5 43	5 33	5 20
Sept. 4	6 41	6 55	6 45	6 38	6 27	6 19	6 13	6 7	6 2	5 58	5 52	5 47	5 40	5 30
,, 11	6 26	6 34	6 27	6 23	6 16	6 11	6 7	6 3	6 0	5 57	5 54	5 50	5 46	5 41
,, 18	6 9	6 13	6 10	6 8	6 4	6 2	6 0	5 59	5 57	5 56	5 55	5 54	5 53	5 51
,, 25	5 53	5 52	5 52	5 52	5 53	5 53	5 54	5 54	5 55	5 56	5 57	5 58	6 0	6 2
Oct. 2	5 37	5 31	5 34	5 37	5 41	5 45	5 48	5 50	5 53	5 56	5 58	6 2	6 6	6 12
,, 9	5 22	5 10	5 16	5 22	5 30	5 37	5 42	5 46	5 51	5 56	6 0	6 6	6 13	6 23
,, 16	5 6	4 49	4 59	5 8	5 20	5 29	5 36	5 43	5 49	5 56	6 3	6 11	6 21	6 35
,, 23	4 51	4 29	4 43	4 54	5 10	5 21	5 31	5 40	5 48	5 56	6 5	6 15	6 28	6 46
,, 30	4 38	4 10	4 28	4 41	5 0	5 15	5 27	5 38	5 47	5 57	6 8	6 20	6 36	6 58
Nov. 6	4 26	3 52	4 13	4 29	4 52	5 10	5 23	5 36	5 47	5 59	6 12	6 26	6 44	7 10
,, 13	4 15	3 36	4 0	4 19	4 46	5 5	5 21	5 35	5 48	6 1	6 15	6 32	6 53	7 22
,, 20	4 5	3 21	3 50	4 10	4 41	5 2	5 20	5 35	5 49	6 4	6 19	6 38	7 1	7 33
,, 27	3 58	3 9	3 41	4 4	4 37	5 0	5 19	5 36	5 51	6 7	6 24	6 44	7 9	7 44
Dec. 4	3 53	3 0	3 35	4 0	4 35	5 0	5 20	5 38	5 54	6 11	6 29	6 49	7 16	7 54
,, 11	3 51	2 54	3 32	3 58	4 35	5 1	5 22	5 40	5 57	6 14	6 33	6 55	7 22	8 2
,, 18	3 52	2 53	3 32	3 59	4 37	5 3	5 25	5 43	6 0	6 18	6 37	6 59	7 27	8 8
,, 25	3 55	2 57	3 36	4 3	4 40	5 7	5 28	5 46	6 4	6 21	6 40	7 2	7 30	8 11
1978														
Jan. 1	4 1	3 5	3 42	4 9	4 45	5 11	5 32	5 50	6 8	6 25	6 43	7 4	7 32	8 11

Example:—To find the time of Sunset in Canberra (Latitude 35·3°S.), on Friday, July 29th. 1977. On July 24th. L.M.T. = 5h. 23m. − $\frac{5\cdot3}{7}$ × 22m. = 5h. 11m., on July 31st. L.M.T. = 5h. 27m. − $\frac{5\cdot3}{7}$ × 20m. = 5h. 16m., therefore L.M.T. on July 29th. = 5h. 11m. + $\frac{5}{7}$ × 5m. = 5h. 15m. P.M.

Upper table — Block 1 (10 ♈ · 11 ♉ · 12 ♊ | Ascen ♋ | 2 ♌ · 3 ♍)

Sidereal Time H. M. S.	10	11	12	Ascen ° ′	2	3
0 0 0	0	9	22	26 36	12	3
0 3 40	1	10	23	27 17	13	3
0 7 20	2	11	24	27 56	14	4
0 11 0	3	12	25	28 42	15	5
0 14 41	4	13	25	29 17	15	6
0 18 21	5	14	26	29 55	16	7
0 22 2	6	15	27	0♋34	17	8
0 25 42	7	16	28	1 14	18	8
0 29 23	8	17	29	1 55	18	9
0 33 4	9	18	♋	2 33	19	10
0 36 45	10	19	1	3 14	20	11
0 40 26	11	20	1	3 54	20	12
0 44 8	12	21	2	4 33	21	13
0 47 50	13	22	3	5 12	22	14
0 51 32	14	23	4	5 52	23	15
0 55 14	15	24	5	6 30	23	15
0 58 57	16	25	6	7 9	24	16
1 2 40	17	26	6	7 50	25	17
1 6 23	18	27	7	8 30	26	18
1 10 7	19	28	8	9 9	26	19
1 13 51	20	29	9	9 48	27	19
1 17 35	21	♊	10	10 28	28	20
1 21 20	22	1	10	11 8	28	21
1 25 6	23	2	11	11 48	29	22
1 28 52	24	3	12	12 28	♍	23
1 32 38	25	4	13	13 8	1	24
1 36 25	26	5	14	13 48	1	25
1 40 12	27	6	14	14 28	2	25
1 44 0	28	7	15	15 8	3	26
1 47 48	29	8	16	15 48	4	27
1 51 37	30	9	17	16 28	4	28

Upper table — Block 2 (10 ♉ · 11 ♊ · 12 ♋ | Ascen ♌ | 2 ♍ · 3 ♍)

Sidereal Time H. M. S.	10	11	12	Ascen ° ′	2	3
1 51 37	0	9	17	16 28	4	28
1 55 27	1	10	18	17 8	5	29
1 59 17	2	11	19	17 48	6	♎
2 3 8	3	12	19	18 28	7	1
2 6 59	4	13	20	19 9	8	2
2 10 51	5	14	21	19 49	9	2
2 14 44	6	15	22	20 29	9	3
2 18 37	7	16	22	21 10	10	4
2 22 31	8	17	23	21 51	11	5
2 26 25	9	18	24	22 32	11	6
2 30 20	10	19	25	23 14	12	7
2 34 16	11	20	25	23 55	13	8
2 38 13	12	21	26	24 36	14	9
2 42 10	13	22	27	25 17	15	10
2 46 8	14	23	28	25 58	15	11
2 50 7	15	24	29	26 40	16	12
2 54 7	16	25	29	27 22	17	12
2 58 7	17	26	♌	28 4	18	13
3 2 8	18	27	1	28 46	18	14
3 6 9	19	27	2	29 28	19	15
3 10 12	20	28	3	0♍12	20	16
3 14 15	21	29	3	0 54	21	17
3 18 19	22	♌	4	1 36	22	18
3 22 23	23	1	5	2 20	22	19
3 26 29	24	2	6	3 2	23	20
3 30 35	25	3	7	3 45	24	21
3 34 41	26	4	7	4 28	25	22
3 38 49	27	5	8	5 11	26	23
3 42 57	28	6	9	5 54	27	24
3 47 6	29	7	10	6 38	27	25
3 51 15	30	8	11	7 21	28	25

Upper table — Block 3 (10 ♊ · 11 ♋ · 12 ♌ | Ascen ♍ | 2 ♍ · 3 ♎)

Sidereal Time H. M. S.	10	11	12	Ascen ° ′	2	3
3 51 15	0	8	11	7 21	28	25
3 55 25	1	9	12	8 5	29	26
3 59 36	2	10	12	8 49	♎	27
4 3 48	3	10	13	9 33	1	28
4 8 0	4	11	14	10 17	2	29
4 12 13	5	12	15	11 2	2	♏
4 16 26	6	13	16	11 46	3	1
4 20 40	7	14	17	12 30	4	2
4 24 55	8	15	17	13 15	5	3
4 29 10	9	16	18	14 0	6	4
4 33 26	10	17	19	14 45	7	5
4 37 42	11	18	20	15 30	8	6
4 41 59	12	19	21	16 15	8	7
4 46 16	13	20	21	17 0	9	8
4 50 34	14	21	22	17 45	10	9
4 54 52	15	22	23	18 30	11	10
4 59 10	16	23	24	19 16	12	11
5 3 29	17	24	25	20 3	13	12
5 7 49	18	25	26	20 49	14	13
5 12 9	19	25	27	21 35	14	14
5 16 29	20	26	28	22 22	15	14
5 20 49	21	27	28	23 6	16	15
5 25 9	22	28	29	23 51	17	16
5 29 30	23	29	♍	24 37	18	17
5 33 51	24	♍	1	25 23	19	18
5 38 12	25	1	2	26 9	20	19
5 42 34	26	2	3	26 55	21	20
5 46 55	27	3	4	27 41	21	21
5 51 17	28	4	4	28 27	22	22
5 55 38	29	5	5	29 13	23	23
6 0 0	30	6	6	30 0	24	24

Lower table — Block 1 (10 ♋ · 11 ♌ · 12 ♍ | Ascen ♎ | 2 ♎ · 3 ♏)

Sidereal Time H. M. S.	10	11	12	Ascen ° ′	2	3
6 0 0	0	6	6	0 0	24	24
6 4 22	1	7	7	0 47	25	25
6 8 43	2	8	8	1 33	26	26
6 13 5	3	9	9	2 19	27	27
6 17 26	4	10	10	3 5	28	28
6 21 48	5	11	10	3 51	28	29
6 26 9	6	12	11	4 37	29	♐
6 30 30	7	13	12	5 23	♏	1
6 34 51	8	14	13	6 9	1	2
6 39 11	9	15	14	6 55	2	3
6 43 31	10	16	15	7 40	2	4
6 47 51	11	16	16	8 26	3	4
6 52 11	12	17	16	9 12	4	5
6 56 31	13	18	17	9 58	5	6
7 0 50	14	19	18	10 43	6	7
7 5 8	15	20	19	11 28	7	8
7 9 26	16	21	20	12 14	8	9
7 13 44	17	22	21	12 59	8	10
7 18 1	18	23	22	13 45	9	11
7 22 18	19	24	23	14 30	10	12
7 26 34	20	25	24	15 15	11	13
7 30 50	21	26	25	16 0	12	14
7 35 5	22	27	25	16 45	13	15
7 39 20	23	28	26	17 30	13	16
7 43 34	24	29	27	18 14	14	17
7 47 47	25	♍	28	18 59	15	18
7 52 0	26	1	29	19 43	16	19
7 56 12	27	2	29	20 27	17	20
8 0 24	28	3	♎	21 11	18	20
8 4 35	29	4	1	21 56	18	21
8 8 45	30	5	2	22 40	19	22

Lower table — Block 2 (10 ♌ · 11 ♍ · 12 ♎ | Ascen ♎ | 2 ♏ · 3 ♐)

Sidereal Time H. M. S.	10	11	12	Ascen ° ′	2	3
8 8 45	0	5	2	22 40	19	22
8 12 54	1	5	3	23 24	20	23
8 17 3	2	6	3	24 7	21	24
8 21 11	3	7	4	24 50	22	25
8 25 19	4	8	5	25 34	23	26
8 29 26	5	9	6	26 18	23	27
8 33 31	6	10	7	27 1	24	28
8 37 37	7	11	8	27 44	25	29
8 41 41	8	12	8	28 26	26	♑
8 45 45	9	13	9	29 9	27	1
8 49 48	10	14	10	29 50	27	2
8 53 51	11	15	11	0♏32	28	3
8 57 52	12	16	12	1 15	29	4
9 1 53	13	17	12	1 58	♐	4
9 5 53	14	18	13	2 39	1	5
9 9 53	15	18	14	3 21	1	6
9 13 52	16	19	15	4 3	2	7
9 17 50	17	20	16	4 44	3	8
9 21 47	18	21	16	5 26	3	9
9 25 44	19	22	17	6 7	4	10
9 29 40	20	23	18	6 48	5	11
9 33 35	21	24	18	7 29	5	12
9 37 29	22	25	19	8 9	6	13
9 41 23	23	26	20	8 50	7	14
9 45 16	24	27	21	9 31	8	15
9 49 9	25	28	22	10 11	9	16
9 53 1	26	29	23	10 51	9	17
9 56 52	27	29	23	11 32	10	18
10 0 43	28	♎	24	12 12	11	19
10 4 33	29	1	25	12 53	12	20
10 8 23	30	2	26	13 33	13	20

Lower table — Block 3 (10 ♍ · 11 ♎ · 12 ♎ | Ascen ♏ | 2 ♐ · 3 ♐)

Sidereal Time H. M. S.	10	11	12	Ascen ° ′	2	3
10 8 23	0	2	26	13 33	13	20
10 12 12	1	3	26	14 13	14	21
10 16 0	2	4	27	14 53	15	22
10 19 48	3	5	28	15 33	15	23
10 23 35	4	5	29	16 13	16	24
10 27 22	5	6	29	16 52	17	25
10 31 8	6	7	♏	17 32	18	26
10 34 54	7	8	1	18 11	18	27
10 38 40	8	9	2	18 52	19	28
10 42 30	9	10	2	19 31	20	29
10 46 9	10	11	3	20 11	21	♑
10 49 53	11	12	4	20 50	22	1
10 53 37	12	13	5	21 30	22	2
10 57 20	13	13	5	22 9	23	3
11 1 3	14	14	6	22 49	24	3
11 4 46	15	15	7	23 28	25	5
11 8 28	16	16	8	24 7	25	6
11 12 10	17	17	9	24 47	26	7
11 15 52	18	18	9	25 27	27	8
11 19 34	19	19	10	26 6	28	9
11 23 15	20	19	10	26 45	29	11
11 26 56	21	20	11	27 25	♑	12
11 30 37	22	21	12	28 5	1	13
11 34 18	23	22	13	28 44	2	14
11 37 58	24	23	13	29 24	3	15
11 41 39	25	24	14	0♐3	4	16
11 45 19	26	24	15	0 43	5	17
11 49 0	27	25	15	1 23	6	18
11 52 40	28	26	16	2 3	6	19
11 56 20	29	27	17	2 43	7	20
12 0 0	0	28	18	3 23	8	21

TABLES OF HOUSES FOR LONDON, Latitude 51° 32′ N.

Upper half

Block 1

Sidereal Time H. M. S.	10 ♎	11 ♎	12 ♏	Ascen ♐	2 ♑	3 ♒
12 0 0	0	27	17	3 23	8	21
12 3 40	1	28	18	4 4	9	23
12 7 20	2	29	19	4 45	10	24
12 11 0	3	♏0	20	5 26	11	25
12 14 41	4	1	20	6 7	12	26
12 18 21	5	1	21	6 48	13	27
12 22 2	6	2	22	7 29	14	28
12 25 42	7	3	23	8 10	15	29
12 29 23	8	4	23	8 51	16	♓0
12 33 4	9	5	24	9 33	17	2
12 36 45	10	6	25	10 15	18	3
12 40 26	11	6	25	10 57	19	4
12 44 8	12	7	26	11 40	20	5
12 47 50	13	8	27	12 22	21	6
12 51 32	14	9	28	13 4	22	7
12 55 14	15	10	28	13 47	23	9
12 58 57	16	11	29	14 30	24	10
13 2 40	17	11	♐0	15 14	25	11
13 6 23	18	12	1	15 59	26	12
13 10 7	19	13	1	16 44	27	13
13 13 51	20	14	2	17 29	28	15
13 17 35	21	15	3	18 14	29	16
13 21 20	22	15	4	19 0	♒0	17
13 25 6	23	16	4	19 45	1	18
13 28 52	24	17	5	20 31	2	20
13 32 38	25	18	6	21 18	4	21
13 36 25	26	19	7	22 6	5	22
13 40 12	27	20	7	22 54	6	23
13 44 0	28	21	8	23 42	7	25
13 47 48	29	21	9	24 31	8	26
13 51 37	30	22	10	25 20	10	27

Block 2

Sidereal Time H. M. S.	10 ♏	11 ♏	12 ♐	Ascen ♐	2 ♒	3 ♓
13 51 37	0	22	10	25 20	10	27
13 55 27	1	23	11	26 10	11	28
13 59 17	2	24	11	27 2	13	♈0
14 3 8	3	25	12	27 53	14	1
14 6 59	4	26	13	28 45	15	3
14 10 51	5	26	14	29 36	16	4
14 14 44	6	27	15	♑0 27	18	5
14 18 37	7	28	15	1 23	19	6
14 22 31	8	29	16	2 18	20	8
14 26 25	9	♐0	17	3 14	22	9
14 30 20	10	0	18	4 11	23	10
14 34 16	11	1	19	5 9	24	11
14 38 13	12	2	20	6 7	26	13
14 42 10	13	3	21	7 6	27	14
14 46 8	14	4	21	8 6	29	15
14 50 7	15	5	22	9 7	♓0	17
14 54 7	16	6	23	10 8	2	18
14 58 7	17	7	24	11 11	4	19
15 2 8	18	8	25	12 15	5	21
15 6 9	19	9	26	13 19	7	22
15 10 12	20	10	27	14 25	9	23
15 14 15	21	10	28	15 31	10	24
15 18 19	22	11	29	16 39	12	26
15 22 23	23	12	♑0	17 48	13	27
15 26 23	24	13	1	♑19 0	15	♉0
15 30 35	25	14	1	20 15	17	1
15 34 41	26	15	2	21 31	18	3
15 38 49	27	16	3	22 48	20	4
15 42 57	28	17	4	24 7	22	5
15 47 6	29	18	5	25 25	24	6
15 51 15	30	18	6	27 15	26	6

Block 3

Sidereal Time H. M. S.	10 ♐	11 ♐	12 ♑	Ascen ♑	2 ♓	3 ♉
15 51 15	0	18	6	27 15	26	6
15 55 25	1	19	7	28 42	28	7
15 59 36	2	20	8	♒0 11	♈0	9
16 3 48	3	21	9	1 42	1	10
16 8 0	4	22	10	3 16	3	11
16 12 13	5	23	11	4 53	4	12
16 16 26	6	24	12	6 24	6	14
16 20 40	7	25	13	8 8	7	15
16 24 55	8	26	14	9 27	8	16
16 29 10	9	27	16	11 9	10	17
16 33 26	10	28	17	12 42	11	18
16 37 42	11	29	♒19	14 17	13	19
16 41 59	12	♑0	19	15 56	14	21
16 46 16	13	0	20	17 31	15	22
16 50 34	14	1	22	19 11	16	23
16 54 52	15	2	23	20 53	18	25
16 59 10	16	3	24	22 37	19	26
17 3 29	17	4	25	24 20	21	27
17 7 49	18	5	27	26 6	22	28
17 12 9	19	7	28	27 52	24	♊29
17 16 29	20	8	♒0	29 41	25	4
17 20 49	21	9	1	♒1 30	27	2
17 25 9	22	9	2	3 19	28	3
17 29 30	23	10	3	5 9	♉0	4
17 33 51	24	12	5	6 54	1	5
17 38 12	25	13	5	8 45	3	7
17 42 34	26	14	6	10 36	4	8
17 46 55	27	15	8	12 26	6	9
17 51 17	28	16	9	14 18	8	10
17 55 38	29	17	11	16 9	9	11
18 0 0	30	18	13	18 0	11	11

Lower half

Block 4

Sidereal Time H. M. S.	10 ♑	11 ♒	12 ♓	Ascen ♈	2 ♉	3 ♊
18 0 0	0	18	13	0 0	17	11
18 4 22	1	20	14	0 39	19	12
18 8 43	2	21	16	1 19	20	14
18 13 5	3	22	17	1 59	22	15
18 17 26	4	23	19	2 40	23	16
18 21 48	5	24	20	3 20	25	17
18 26 9	6	25	22	4 0	26	19
18 30 30	7	26	23	4 41	28	20
18 34 51	8	27	25	5 22	29	21
18 39 11	9	29	27	6 3	♊1	22
18 43 31	10	♒0	28	6 43	2	23
18 47 51	11	♈1	♈0	7 24	4	25
18 52 11	12	2	2	8 4	5	26
18 56 31	13	3	♉3	8 45	7	27
19 0 50	14	4	5	9 24	8	28
19 5 8	15	6	7	10 6	11	♋0
19 9 26	16	7	9	10 28	16	23 |...
19 13 44	17	8	10	10 29	21	17 |...
19 18 1	18	9	12	11 41	18	2
19 22 18	19	10	14	12 35	19	3
19 26 34	20	12	16	13 28	21	5
19 30 50	21	13	18	14 21	22	6
19 35 5	22	14	19	15 2	23	7
19 39 20	23	15	21	15 23	24	8
19 43 34	24	16	23	16 24	26	8
19 47 47	25	18	25	9 19	26	♋0 |...
19 52 0	26	19	27	26 45	20	8 |...
19 56 12	27	20	28	18 21	29	9
20 0 24	28	21	♈0	43	8	♉0 |...
20 4 35	29	23	2	1 19	23	11
20 8 45	30	24	4	2 45	24	12

Block 5

Sidereal Time H. M. S.	10 ♒	11 ♈	12 ♈	Ascen ♉	2 ♊	3 ♋
20 8 45	0	24	4	2 45	24	12
20 12 54	1	25	6	4 2	25	12
20 17 3	2	27	7	5 17	27	13
20 21 11	3	28	9	6 29	28	14
20 25 19	4	29	11	7 40	29	15
20 29 26	5	♈0	13	8 48	♋0	16
20 33 31	6	2	14	10 0	2	17
20 37 37	7	3	16	11 2	3	18
20 41 41	8	4	18	12 8	4	19
20 45 45	9	6	19	13 12	6	19
20 49 48	10	7	21	15 25	3	21 |...
20 53 51	11	8	23	16 32	4	22 |...
20 57 52	12	9	24	15 28	9	23
21 1 53	13	11	26	16 28	11	24
21 5 53	14	12	28	17 35	12	25
21 9 53	15	13	29	18 28	13	26
21 13 52	16	15	♉1	19 32	15	27
21 17 50	17	16	3	20 40	16	28
21 21 47	18	17	4	21 47	17	29
21 25 44	19	18	6	22 54	19	♌0
21 29 40	20	20	7	29 40	20	1 |...
21 33 35	21	21	9	33 35	21	2 |...
21 37 29	22	22	11	27 29	23	3
21 41 23	23	23	12	41 23	24	4 |...
21 45 16	24	24	14	45 16	25	5 |...
21 49 9	25	26	14	♊0	27	6 |...
21 53 1	26	27	15	1 15	29	7
21 56 52	27	28	17	2 7	♌0	8
22 0 43	28	♉0	18	2 57	1	9
22 4 33	29	♈1	19	3 48	2	9
22 8 23	30	2	20	3 38	3	10

Block 6

Sidereal Time H. M. S.	10 ♓	11 ♈	12 ♉	Ascen ♊	2 ♋	3 ♌
22 8 23	0	2	20	3 20	4	3
22 12 12	1	4	21	4 21	5	8
22 16 0	2	6	23	6 23	6	9
22 19 48	3	7	24	7 24	7	5
22 23 35	4	8	25	8 25	7	5
22 27 22	5	9	26	9 26	8	42 |...
22 31 8	6	10	28	10 28	9	25 |...
22 34 54	7	12	29	12 29	10	16 |...
22 38 40	8	13	♊0	13 20	11	12 |...
22 42 25	9	14	1	11 ♋1	11	47 |...
22 46 9	10	15	2	12 31	16	28 |...
22 49 53	11	17	3	13 16	17	9 |...
22 53 37	12	18	4	14 14	18	29 |...
22 57 20	13	19	5	15 19	19	45 |...
23 1 3	14	20	6	15	6	15
23 4 46	15	21	7	16 16	11	20
23 8 28	16	23	8	16 54	21	21
23 12 10	17	24	9	17 37	22	22
23 15 52	18	25	11	18 20	23	23
23 19 34	19	26	12	19 1	24	24
23 23 15	20	27	13	20 12	25	24 |...
23 26 56	21	29	13	20 56	26	25
23 30 37	22	♉0	14	21 37	26	26
23 34 18	23	1	15	22 18	27	27
23 37 58	24	2	16	22 58	28	28
23 41 39	25	3	17	23 39	♍0	28 |...
23 45 19	26	4	18	24 18	0	29 |...
23 49 0	27	5	19	24 58	1	♍0 |...
23 52 40	28	6	20	25 38	2	1
23 56 20	29	8	21	26 12	5	2 |...
24 0 0	30	9	22	26 36	13	3

TABLES OF HOUSES FOR LIVERPOOL, Latitude 53° 25′ N.

Top

Sidereal Time H.M.S.	10 Υ	11 ♉	12 ♊	Ascen ♋ °	′	2 ♌	3 ♍
0 0 0	0	9	24	28	12	14	3
0 3 40	1	10	25	28	51	14	4
0 7 20	2	12	25	29	30	15	4
0 11 0	3	13	26	0 ♋	9	16	5
0 14 41	4	14	27	0	48	17	6
0 18 21	5	15	28	1	27	17	7
0 22 2	6	16	29	2	6	18	8
0 25 42	7	17	♋	2	44	19	9
0 29 23	8	18	1	3	22	19	10
0 33 4	9	19	1	4	1	20	10
0 36 45	10	20	2	4	39	21	11
0 40 26	11	21	3	5	18	22	12
0 44 8	12	22	4	5	56	22	13
0 47 50	13	23	5	6	34	23	14
0 51 32	14	24	6	7	13	24	14
0 55 14	15	25	6	7	51	24	15
0 58 57	16	26	7	8	30	25	16
1 2 40	17	27	8	9	8	26	17
1 6 23	18	28	9	9	47	26	18
1 10 7	19	29	10	10	25	27	19
1 13 51	20	♊	11	11	4	28	19
1 17 35	21	1	11	11	43	28	20
1 21 20	22	2	12	12	21	29	21
1 25 6	23	3	13	13	0	♍	22
1 28 52	24	4	14	13	39	1	23
1 32 38	25	5	15	14	17	1	24
1 36 25	26	6	15	14	56	2	25
1 40 12	27	7	16	15	35	3	25
1 44 0	28	8	17	16	14	3	26
1 47 48	29	9	18	16	53	4	27
1 51 37	30	10	18	17	32	5	28

Sidereal Time H.M.S.	10 ♉	11 ♊	12 ♋	Ascen ♌ °	′	2 ♍	3 ♍
1 51 37	0	10	18	17	32	5	28
1 55 27	1	11	19	18	11	6	29
1 59 17	2	12	20	18	51	6	♎
2 3 8	3	13	21	19	30	7	1
2 6 59	4	14	22	20	9	8	2
2 10 51	5	15	22	20	49	9	2
2 14 44	6	16	23	21	28	9	3
2 18 37	7	17	24	22	8	10	4
2 22 31	8	18	25	22	48	11	5
2 26 25	9	19	25	23	28	12	6
2 30 20	10	20	26	24	8	12	7
2 34 16	11	21	27	24	48	13	8
2 38 13	12	22	28	25	28	14	9
2 42 10	13	23	29	26	8	15	10
2 46 8	14	24	29	26	49	15	10
2 50 7	15	25	♌	27	29	16	11
2 54 7	16	26	1	28	10	17	12
2 58 7	17	27	2	28	51	18	13
3 2 8	18	28	2	29	32	19	14
3 6 9	19	29	3	♍	13	19	15
3 10 12	20	29	4	0	54	20	16
3 14 15	21	♋	5	1	36	21	17
3 18 19	22	1	5	2	17	22	18
3 22 23	23	2	6	2	59	23	19
3 26 29	24	3	7	3	41	23	20
3 30 35	25	4	8	4	23	24	21
3 34 41	26	5	9	5	5	25	22
3 38 49	27	6	10	5	47	26	22
3 42 57	28	7	10	6	29	27	23
3 47 6	29	8	11	7	12	27	24
3 51 15	30	9	12	7	55	28	25

Sidereal Time H.M.S.	10 ♊	11 ♋	12 ♌	Ascen ♍ °	′	2 ♍	3 ♎
3 51 15	0	9	12	7	55	28	25
3 55 25	1	10	13	8	37	29	26
3 59 36	2	11	13	9	20	♎	27
4 3 48	3	12	14	10	3	1	28
4 8 0	4	12	15	10	46	2	29
4 12 13	5	13	16	11	30	2	♏
4 16 26	6	14	17	12	13	3	1
4 20 40	7	15	18	12	56	4	2
4 24 55	8	16	18	13	40	5	3
4 29 10	9	17	19	14	24	6	4
4 33 26	10	18	20	15	8	7	5
4 37 42	11	19	21	15	52	7	6
4 41 59	12	20	21	16	36	8	6
4 46 16	13	21	22	17	20	9	7
4 50 34	14	22	23	18	4	10	8
4 54 52	15	23	24	18	48	11	9
4 59 10	16	24	25	19	32	12	10
5 3 29	17	24	26	20	17	12	11
5 7 49	18	25	26	21	1	13	12
5 12 9	19	26	27	21	46	14	13
5 16 29	20	27	28	22	31	15	14
5 20 49	21	28	29	23	16	16	15
5 25 9	22	29	♍	24	0	17	16
5 29 30	23	♌	1	24	45	18	17
5 33 51	24	1	1	25	30	18	18
5 38 12	25	2	2	26	15	19	19
5 42 34	26	3	3	27	0	20	20
5 46 55	27	4	4	27	45	21	21
5 51 17	28	5	5	28	30	22	22
5 55 38	29	6	6	29	15	23	22
6 0 0	30	7	7	30	0	23	23

Bottom

Sidereal Time H.M.S.	10 ♋	11 ♌	12 ♍	Ascen ♎ °	′	2 ♎	3 ♏
6 0 0	0	7	7	0	0	23	23
6 4 22	1	8	7	0	45	24	24
6 8 43	2	9	8	1	30	25	25
6 13 5	3	9	9	2	15	26	26
6 17 26	4	10	10	3	0	27	27
6 21 48	5	11	11	3	45	28	28
6 26 9	6	12	12	4	30	29	29
6 30 30	7	13	12	5	15	29	♐
6 34 51	8	14	13	6	0	♏	1
6 39 11	9	15	14	6	44	1	2
6 43 31	10	16	15	7	29	2	3
6 47 51	11	17	16	8	14	3	4
6 52 11	12	18	17	8	59	4	5
6 56 31	13	19	18	9	43	4	6
7 0 50	14	20	18	10	27	5	6
7 5 8	15	21	19	11	11	6	7
7 9 26	16	22	20	11	55	7	8
7 13 44	17	23	21	12	40	8	9
7 18 1	18	24	22	13	24	8	10
7 22 18	19	24	23	14	8	9	11
7 26 34	20	25	23	14	52	10	12
7 30 50	21	26	24	15	36	11	13
7 35 5	22	27	25	16	20	12	14
7 39 20	23	28	26	17	4	13	15
7 43 34	24	29	27	17	47	13	16
7 47 47	25	♍	28	18	30	14	17
7 52 0	26	1	28	19	13	15	18
7 56 12	27	2	29	19	57	16	18
8 0 24	28	3	♎	20	40	17	19
8 4 35	29	4	1	21	23	17	20
8 8 45	30	5	2	22	5	18	21

Sidereal Time H.M.S.	10 ♌	11 ♍	12 ♎	Ascen ♎ °	′	2 ♏	3 ♐
8 8 45	0	5	2	22	5	18	21
8 12 54	1	6	2	22	48	19	22
8 17 3	2	7	3	23	30	20	23
8 21 11	3	8	4	24	13	20	24
8 25 19	4	8	5	24	55	21	25
8 29 26	5	9	6	25	37	22	26
8 33 31	6	10	7	26	19	23	27
8 37 37	7	11	7	27	1	24	28
8 41 41	8	12	8	27	43	25	29
8 45 45	9	13	9	28	24	25	♑
8 49 48	10	14	10	29	6	26	1
8 53 51	11	15	11	29	47	27	2
8 57 52	12	16	11	0 ♏	28	28	3
9 1 53	13	17	12	1	9	28	3
9 5 53	14	18	13	1	50	29	4
9 9 53	15	19	14	2	31	♐	5
9 13 52	16	19	15	3	11	1	6
9 17 50	17	20	15	3	52	2	7
9 21 47	18	21	16	4	32	2	8
9 25 44	19	22	17	5	12	3	9
9 29 40	20	23	18	5	52	4	10
9 33 35	21	24	18	6	32	5	11
9 37 29	22	25	19	7	12	5	12
9 41 23	23	26	20	7	52	6	13
9 45 16	24	27	21	8	32	7	14
9 49 9	25	27	21	9	12	8	15
9 53 1	26	28	22	9	51	8	16
9 56 52	27	29	23	10	30	9	17
10 0 43	28	♎	24	11	9	10	17
10 4 33	29	1	24	11	49	11	18
10 8 23	30	2	25	12	28	11	19

Sidereal Time H.M.S.	10 ♍	11 ♎	12 ♎	Ascen ♏ °	′	2 ♐	3 ♑
10 8 23	0	2	25	12	28	11	19
10 12 12	1	3	26	13	6	12	20
10 16 0	2	4	27	13	45	13	21
10 19 48	3	4	27	14	25	14	22
10 23 35	4	5	28	15	4	15	23
10 27 22	5	6	29	15	42	15	24
10 31 8	6	7	29	16	21	16	26
10 34 54	7	8	♏	17	0	17	26
10 38 40	8	9	1	17	39	18	27
10 42 25	9	10	2	18	17	18	28
10 46 9	10	10	2	18	55	19	29
10 49 53	11	11	3	19	34	20	♑
10 53 37	12	12	4	20	13	21	1
10 57 20	13	13	4	20	52	22	2
11 1 3	14	14	5	21	31	22	4
11 4 46	15	15	6	22	8	23	5
11 8 28	16	16	7	22	46	24	6
11 12 10	17	16	7	23	25	25	7
11 15 52	18	17	8	24	3	26	8
11 19 34	19	18	9	24	42	26	9
11 23 15	20	19	9	25	21	27	10
11 26 56	21	20	10	25	59	28	11
11 30 37	22	20	11	26	38	29	12
11 34 18	23	21	12	27	16	♑	13
11 41 39	25	23	13	28	33	1	14
11 45 19	26	24	14	29	11	2	16
11 49 0	27	25	14	29	50	3	17
11 52 40	28	26	15	0 ♐	30	4	18
11 56 20	29	26	16	1	9	5	19
12 0 0	30	27	16	1	48	6	21

TABLES OF HOUSES FOR LIVERPOOL, Latitude 53° 25' N.

Sidereal Time (H. M. S.)	10 ♎	11 ♎	12 ♏	Ascen ♐	2 ♑	3 ♒
12 0 0	0	27	16	1 48	6	21
12 3 40	1	28	17	2 27	7	22
12 7 20	2	29	18	3 6	8	23
12 11 0	3	♏	18	3 46	9	24
12 14 41	4	0	19	4 25	10	25
12 18 21	5	1	20	5 6	10	26
12 22 2	6	2	21	5 46	11	28
12 25 42	7	3	21	6 26	12	29
12 29 23	8	4	22	7 6	13	♓
12 33 4	9	4	23	7 46	14	1
12 36 45	10	5	24	8 27	15	2
12 40 26	11	6	24	9 8	16	3
12 44 8	12	7	25	9 49	17	5
12 47 50	13	8	26	10 30	18	6
12 51 32	14	9	26	11 12	19	7
12 55 14	15	9	27	11 54	20	8
12 58 57	16	10	28	12 36	21	10
13 2 40	17	11	28	13 19	22	11
13 6 23	18	12	29	14 2	23	12
13 10 7	19	13	♐	14 45	25	13
13 13 51	20	13	1	15 28	26	15
13 17 35	21	14	1	16 12	27	16
13 21 20	22	15	2	16 56	28	17
13 25 6	23	16	3	17 41	29	18
13 28 52	24	17	4	18 26	♒	19
13 32 38	25	17	4	19 11	1	21
13 36 25	26	18	5	19 57	3	22
13 40 12	27	19	6	20 44	4	23
13 44 0	28	20	7	21 31	5	24
13 47 48	29	21	7	22 18	7	26
13 51 37	30	21	8	23 6	8	27

Sidereal Time (H. M. S.)	10 ♏	11 ♏	12 ♐	Ascen ♐	2 ♒	3 ♓
13 51 37	0	21	8	23 6	8	27
13 55 27	1	22	9	23 55	9	28
13 59 17	2	23	10	24 43	10	♈
14 3 8	3	24	10	25 33	12	1
14 6 59	4	25	11	26 23	13	2
14 10 51	5	26	12	27 14	15	4
14 14 44	6	26	13	28 6	16	5
14 18 37	7	27	13	28 59	18	6
14 22 31	8	28	14	29 52	19	8
14 26 25	9	29	15	0♑46	20	9
14 30 20	10	♐	16	1 41	22	10
14 34 16	11	1	17	2 36	23	11
14 38 13	12	2	18	3 33	25	13
14 42 10	13	2	18	4 30	26	14
14 46 8	14	3	19	5 29	28	16
14 50 0	15	4	20	6 29	♓	17
14 54 7	16	5	21	7 30	1	18
14 58 7	17	6	22	8 32	3	20
15 2 8	18	7	23	9 35	5	21
15 6 9	19	8	24	10 39	6	22
15 10 12	20	9	24	11 45	8	23
15 14 15	21	9	25	12 52	10	25
15 18 19	22	10	26	14 1	11	26
15 22 23	23	11	27	15 11	13	27
15 26 29	24	12	28	16 23	15	29
15 30 35	25	13	29	17 37	17	♉
15 34 41	26	14	♑	18 53	19	1
15 38 49	27	15	1	20 10	21	3
15 42 57	28	16	2	21 29	22	4
15 47 6	29	16	3	22 51	24	5
15 51 15	30	17	4	24 15	26	7

Sidereal Time (H. M. S.)	10 ♐	11 ♐	12 ♑	Ascen ♑	2 ♓	3 ♉
15 51 15	0	17	4	24 15	26	7
15 55 25	1	18	5	25 41	28	8
15 59 36	2	19	6	27 10	♈	9
16 3 48	3	20	7	28 41	2	10
16 8 0	4	21	8	0♒14	4	12
16 12 13	5	22	9	1 50	5	13
16 16 26	6	23	10	3 30	7	14
16 20 40	7	24	11	5 13	9	15
16 24 55	8	25	12	6 58	11	17
16 29 10	9	26	13	8 46	13	18
16 33 26	10	27	14	10 38	15	19
16 37 42	11	28	15	12 32	17	20
16 41 59	12	29	16	14 31	19	22
16 46 16	13	♑	18	16 33	20	23
16 50 34	14	1	19	18 40	22	25
16 54 52	15	2	20	20 50	24	25
16 59 10	16	3	21	23 4	26	26
17 3 29	17	4	22	25 21	28	28
17 7 49	18	5	24	27 42	29	29
17 12 9	19	6	25	0♓8	♉	♊
17 16 29	20	7	26	2 37	3	1
17 20 49	21	8	28	5 10	5	3
17 25 9	22	9	29	7 46	6	4
17 29 30	23	10	♒	10 24	8	5
17 33 51	24	11	2	13 7	10	6
17 38 12	25	12	3	15 52	11	7
17 42 34	26	13	4	18 38	13	8
17 46 55	27	14	6	21 27	15	9
17 51 17	28	15	7	24 17	16	10
17 55 38	29	16	9	27 8	18	12
18 0 0	30	17	11	30 0	19	13

Sidereal Time (H. M. S.)	10 ♑	11 ♑	12 ♒	Ascen ♈	2 ♉	3 ♊
18 0 0	0	17	11	0 0	19	13
18 4 22	1	18	12	2 52	21	14
18 8 43	2	20	14	5 43	23	15
18 13 5	3	21	15	8 33	24	16
18 17 26	4	22	17	11 22	25	17
18 21 48	5	23	19	14 8	27	18
18 26 9	6	24	20	16 53	28	19
18 30 30	7	25	22	19 36	♊	20
18 34 51	8	26	24	22 14	1	21
18 39 11	9	27	25	24 50	2	22
18 43 31	10	29	27	27 23	4	23
18 47 51	11	♒	28	29 52	5	24
18 52 11	12	1	♓	2♉18	6	25
18 56 31	13	2	2	4 39	8	26
19 0 50	14	4	4	6 56	9	27
19 5 8	15	5	6	9 10	10	28
19 9 26	16	6	8	11 20	11	29
19 13 44	17	7	10	13 27	12	♊
19 18 1	18	8	11	15 29	14	1
19 22 18	19	9	13	17 28	15	2
19 26 34	20	11	15	19 22	16	3
19 30 50	21	12	17	21 14	17	4
19 35 5	22	13	19	23 2	18	5
19 39 20	23	15	21	24 47	19	6
19 43 34	24	16	23	26 30	20	7
19 47 47	25	17	25	28 10	21	8
19 52 0	26	18	26	29 46	22	9
19 56 12	27	20	28	1♊19	23	10
20 0 24	28	21	♈	2 50	24	11
20 4 35	29	22	2	4 19	25	12
20 8 45	30	23	4	5 45	26	13

Sidereal Time (H. M. S.)	10 ♒	11 ♒	12 ♓	Ascen ♉	2 ♊	3 ♋
20 8 45	0	23	4	5 45	26	13
20 12 54	1	25	6	7 9	27	14
20 17 3	2	26	8	8 31	28	14
20 21 11	3	27	9	9 50	29	15
20 25 19	4	29	11	11 11	♋	16
20 29 26	5	♓	13	12 23	1	17
20 33 31	6	1	15	13 38	2	18
20 37 37	7	3	17	14 49	3	19
20 41 41	8	4	19	15 59	4	20
20 45 45	9	5	20	17 7	5	21
20 49 48	10	7	22	18 15	6	22
20 53 51	11	8	24	19 21	7	23
20 57 52	12	10	25	20 25	8	24
21 1 53	13	11	27	21 28	9	24
21 5 53	14	12	29	22 30	9	25
21 9 53	15	13	♈	23 31	10	26
21 13 52	16	14	2	24 32	11	27
21 17 50	17	16	4	25 30	12	28
21 21 47	18	17	5	26 27	12	29
21 25 44	19	18	7	27 24	13	♋
21 29 40	20	20	8	28 19	14	1
21 33 35	21	21	10	29 14	15	2
21 37 29	22	22	11	0♊0	16	3
21 41 23	23	23	13	1 1	17	4
21 45 16	24	25	14	1 54	17	4
21 49 9	25	26	15	2 46	18	5
21 53 1	26	27	17	3 37	19	6
21 56 52	27	29	18	4 27	20	7
22 0 43	28	♈	20	5 17	20	8
22 4 33	29	2	21	6 5	21	9
22 8 23	30	3	22	6 54	22	10

Sidereal Time (H. M. S.)	10 ♓	11 ♈	12 ♉	Ascen ♋	2 ♋	3 ♌
22 8 23	0	3	22	6 54	22	8
22 12 12	1	4	23	7 42	23	9
22 16 0	2	5	25	8 29	23	10
22 19 48	3	7	26	9 16	24	11
22 23 35	4	8	27	10 3	25	12
22 27 22	5	9	29	10 49	26	13
22 31 8	6	11	♊	11 34	26	14
22 34 54	7	12	1	12 19	27	14
22 38 40	8	13	3	13 3	28	15
22 42 25	9	14	4	13 47	29	16
22 46 9	10	16	4	14 32	♌	17
22 49 53	11	17	5	15 15	1	18
22 53 37	12	18	7	15 58	1	18
22 57 20	13	19	8	16 41	2	19
23 1 3	14	20	9	17 24	3	20
23 4 46	15	22	10	18 6	3	21
23 8 28	16	23	11	18 48	4	22
23 12 10	17	24	12	19 30	5	22
23 15 52	18	25	13	20 11	6	23
23 19 34	19	27	14	20 52	7	24
23 23 15	20	28	15	21 33	8	25
23 26 56	21	29	16	22 14	8	26
23 30 37	22	♉	16	22 55	9	26
23 34 18	23	1	17	23 35	10	27
23 38 0	24	2	18	24 15	11	28
23 41 39	25	4	20	24 54	12	29
23 45 19	26	5	21	25 35	13	♍
23 49 0	27	6	22	26 6	14	1
23 52 40	28	7	22	26 54	14	2
23 56 50	29	8	23	27 33	15	2
24 0 0	30	9	24	28 12	16	3

Sidereal Time. H. M. S.	10 ♈	11 ♉	12 ♊	Ascen ♋ ° ′	2 ♌	3 ♍
0 0 0	0	6	15	18 53	8	1
0 3 40	1	7	16	19 38	9	2
0 7 20	2	8	17	20 23	10	3
0 11 0	3	9	18	21 12	11	4
0 14 41	4	11	19	21 55	12	5
0 18 21	5	12	20	22 40	12	5
0 22 2	6	13	21	23 24	13	6
0 25 42	7	14	22	24 8	14	7
0 29 23	8	15	23	24 54	15	8
0 33 4	9	16	23	25 37	15	9
0 36 45	10	17	24	26 22	16	10
0 40 26	11	18	25	27 5	17	11
0 44 8	12	19	26	27 50	18	12
0 47 50	13	20	27	28 33	19	13
0 51 32	14	21	28	29 18	19	13
0 55 14	15	22	28	0♌ 3	20	14
0 58 57	16	23	29	0 46	21	15
1 2 40	17	24	♋	1 31	22	16
1 6 23	18	25	1	2 14	22	17
1 10 7	19	26	2	2 58	23	18
1 13 51	20	27	3	3 43	24	19
1 17 35	21	28	3	4 27	25	20
1 21 20	22	29	4	5 12	25	21
1 25 6	23	♊	5	5 56	26	22
1 28 52	24	1	6	6 40	27	22
1 32 38	25	2	7	7 25	28	23
1 36 25	26	2	8	8 9	29	24
1 40 12	27	3	9	8 53	♍	25
1 44 0	28	4	10	9 38	1	26
1 47 48	29	5	10	10 24	1	27
1 51 37	30	6	11	11 8	2	28

Sidereal Time. H. M. S.	10 ♉	11 ♊	12 ♋	Ascen ♌ ° ′	2 ♍	3 ♍
1 51 37	0	6	11	11 8	2	28
1 55 27	1	7	12	11 53	3	29
1 59 17	2	8	13	12 38	4	♎
2 3 8	3	9	14	13 22	5	1
2 6 59	4	10	15	14 8	5	2
2 10 51	5	11	15	14 53	6	3
2 14 44	6	12	16	15 39	7	4
2 18 37	7	13	17	16 24	8	4
2 22 31	8	14	18	17 10	9	5
2 26 25	9	15	19	17 56	10	6
2 30 20	10	16	20	18 41	10	7
2 34 16	11	17	20	19 27	11	8
2 38 13	12	18	21	20 14	12	9
2 42 10	13	19	22	21 0	13	10
2 46 8	14	19	23	21 47	14	11
2 50 7	15	20	24	22 33	15	12
2 54 7	16	21	25	23 20	16	13
2 58 7	17	22	25	24 7	17	14
3 2 8	18	23	26	24 54	17	15
3 6 9	19	24	27	25 42	18	16
3 10 12	20	25	28	26 29	19	17
3 14 15	21	26	29	27 17	20	18
3 18 19	22	27	♌	28 4	21	19
3 22 23	23	28	1	28 52	22	20
3 26 29	24	29	1	29 40	23	21
3 30 35	25	♋	2	0♍28	24	22
3 34 41	26	1	3	1 17	24	23
3 38 49	27	2	4	2 6	25	24
3 42 57	28	3	5	2 55	26	25
3 47 6	29	4	6	3 43	27	26
3 51 15	30	5	7	4 32	28	27

Sidereal Time. H. M. S.	10 ♊	11 ♋	12 ♌	Ascen ♍ ° ′	2 ♍	3 ♎
3 51 15	0	5	7	4 32	28	27
3 55 25	1	6	8	5 22	29	28
3 59 36	2	6	8	6 10	♎	29
4 3 48	3	7	9	7 0	1	♏
4 8 0	4	8	10	7 49	2	1
4 12 13	5	9	11	8 40	3	2
4 16 26	6	10	12	9 30	4	3
4 20 40	7	11	13	10 19	4	4
4 24 55	8	12	14	11 10	5	5
4 29 10	9	13	15	12 0	6	6
4 33 26	10	14	16	12 51	7	7
4 37 42	11	15	16	13 41	8	8
4 41 59	12	16	17	14 32	9	9
4 46 16	13	17	18	15 23	10	10
4 50 34	14	18	19	16 14	11	11
4 54 52	15	19	20	17 5	12	12
4 59 10	16	20	21	17 56	13	13
5 3 29	17	21	21	18 47	14	14
5 7 49	18	22	23	19 39	15	15
5 12 9	19	23	24	20 30	16	16
5 16 29	20	24	25	21 22	17	17
5 20 49	21	25	25	22 13	18	18
5 25 9	22	26	26	23 5	18	19
5 29 30	23	27	27	23 57	19	20
5 33 51	24	28	28	24 49	20	21
5 38 12	25	29	29	25 40	21	22
5 42 34	26	♌	♍	26 32	22	22
5 46 55	27	1	1	27 25	23	23
5 51 17	28	2	2	28 16	24	24
5 55 38	29	3	3	29 8	25	25
6 0 0	30	4	4	0♎ 0	26	26

Sidereal Time. H. M. S.	10 ♋	11 ♌	12 ♍	Ascen ♎ ° ′	2 ♎	3 ♏
6 0 0	0	4	4	0 26	26	26
6 4 22	1	5	5	0 52	27	27
6 8 43	2	6	6	1 44	28	28
6 13 5	3	6	7	2 35	29	29
6 17 26	4	7	8	3 28	♏	♐
6 21 48	5	8	9	4 20	1	1
6 26 9	6	9	10	5 11	2	2
6 30 30	7	10	11	6 3	3	3
6 34 51	8	11	12	6 55	3	4
6 39 11	9	12	13	7 47	4	5
6 43 31	10	13	14	8 38	5	6
6 47 51	11	14	15	9 30	6	7
6 52 11	12	15	15	10 21	7	8
6 56 31	13	16	16	11 13	8	9
7 0 50	14	17	17	12 4	9	10
7 5 8	15	18	18	12 55	10	11
7 9 26	16	19	19	13 46	11	12
7 13 44	17	20	20	14 37	12	13
7 18 1	18	21	21	15 28	13	14
7 22 18	19	22	22	16 19	14	15
7 26 34	20	23	23	17 9	14	16
7 30 50	21	24	23	18 0	15	17
7 35 5	22	25	24	18 50	16	18
7 39 20	23	26	25	19 41	17	19
7 43 34	24	27	26	20 30	18	20
7 47 47	25	28	27	21 20	19	21
7 52 0	26	29	28	22 11	20	22
7 56 12	27	♍	29	23 0	21	23
8 0 24	28	1	♎	23 50	22	24
8 4 35	29	2	1	24 38	22	24
8 8 45	30	3	2	25 28	23	25

Sidereal Time. H. M. S.	10 ♌	11 ♍	12 ♎	Ascen ♎ ° ′	2 ♏	3 ♐
8 8 45	0	3	2	25 28	23	25
8 12 54	1	4	3	26 17	24	26
8 17 3	2	5	4	27 5	25	27
8 21 11	3	6	5	27 54	26	28
8 25 19	4	7	6	28 43	27	29
8 29 26	5	8	7	29 31	28	♑
8 33 31	6	9	7	0♏20	28	1
8 37 37	7	10	8	1 9	29	2
8 41 41	8	11	9	1 56	♐	3
8 45 45	9	12	10	2 44	1	4
8 49 48	10	13	11	3 31	2	5
8 53 51	11	14	12	4 18	3	6
8 57 52	12	15	12	5 6	4	7
9 1 53	13	16	13	5 53	5	8
9 5 53	14	17	14	6 40	5	9
9 9 53	15	18	15	7 27	6	10
9 13 52	16	19	16	8 13	7	11
9 17 50	17	20	17	9 0	8	11
9 21 47	18	21	18	9 46	9	12
9 25 44	19	22	19	10 33	10	13
9 29 40	20	23	19	11 19	10	14
9 33 35	21	24	20	12 4	11	15
9 37 29	22	24	21	12 50	12	16
9 41 23	23	25	22	13 36	13	17
9 45 16	24	26	23	14 21	14	18
9 49 9	25	27	24	15 7	15	19
9 53 1	26	28	24	15 52	15	20
9 56 52	27	29	25	16 38	16	21
10 0 43	28	♎	26	17 22	17	22
10 4 33	29	1	27	18 7	18	23
10 8 23	30	2	28	18 52	19	24

Sidereal Time. H. M. S.	10 ♍	11 ♎	12 ♎	Ascen ♏ ° ′	2 ♐	3 ♑
10 8 23	0	2	28	18 52	19	24
10 12 12	1	3	29	19 36	20	25
10 16 0	2	4	29	20 20	20	26
10 19 48	3	5	♏	21 4	21	27
10 23 35	4	6	1	21 47	22	28
10 27 22	5	7	1	22 31	23	28
10 31 8	6	7	2	23 14	24	29
10 34 54	7	8	3	23 57	24	♑
10 38 40	8	9	4	24 40	25	1
10 42 25	9	10	4	25 23	26	2
10 46 9	10	11	5	26 6	26	3
10 49 53	11	12	6	26 48	27	4
10 53 37	12	13	7	27 30	28	5
10 57 20	13	14	8	28 13	29	6
11 1 3	14	15	8	28 55	♑	7
11 4 46	15	16	9	29 38	1	8
11 8 28	16	17	10	0♐ 42	1	9
11 12 10	17	18	11	1 21	2	11
11 15 52	18	19	11	2 10	3	12
11 19 34	19	20	12	2 55	4	13
11 23 15	20	20	14	3 38	6	13
11 26 56	21	21	14	4 23	7	14
11 30 37	22	22	15	5 7	7	15
11 34 18	23	23	16	5 52	8	16
11 37 58	24	23	17	6 36	9	17
11 41 39	25	24	18	7 20	10	18
11 45 28	26	25	18	8 5	11	19
11 49 0	27	26	19	8 48	12	20
11 52 40	28	27	20	9 37	13	22
11 56 20	29	28	21	10 22	14	23
12 0 0	30	29	21	11 7	15	24

TABLES OF HOUSES FOR NEW YORK, Latitude 40° 43′ N.

Upper tables

Segment 1 — Sidereal Time | 10 ≏ | 11 ≏ | 12 ♏ | Ascen ♐ | 2 ♑ | 3 ♒

Sidereal Time (H. M. S.)	10	11	12	Ascen °	′	2	3
12 0 0	0	29	21	11	7	15	24
12 3 40	1	♏	22	11	52	16	25
12 7 20	2	1	23	12	37	17	26
12 11 0	3	1	24	13	19	17	27
12 14 41	4	2	25	14	7	18	28
12 18 21	5	3	25	14	52	19	29
12 22 2	6	4	26	15	38	20	♓
12 25 42	7	5	27	16	23	21	1
12 29 23	8	6	28	17	11	22	2
12 33 4	9	6	28	17	58	23	3
12 36 45	10	7	29	18	45	24	4
12 40 26	11	8	♐	19	32	25	5
12 44 8	12	9	1	20	20	26	7
12 47 50	13	10	2	21	8	27	8
12 51 32	14	11	2	21	57	28	9
12 55 14	15	12	3	22	43	29	10
12 58 57	16	13	4	23	33	♑	11
13 2 40	17	13	5	24	22	1	12
13 6 23	18	14	6	25	11	2	13
13 10 7	19	15	7	26	1	3	15
13 13 51	20	16	7	26	51	5	16
13 17 35	21	17	8	27	40	6	17
13 21 20	22	18	9	28	32	7	18
13 25 6	23	19	10	29	23	8	19
13 28 52	24	19	10	♑ 0	14	9	20
13 32 38	25	20	11	1	7	10	21
13 36 25	26	21	12	2	0	11	23
13 40 12	27	22	13	2	52	12	24
13 44 0	28	23	13	3	46	13	25
13 47 48	29	24	14	4	41	15	26
13 51 37	30	25	15	5	35	16	27

Segment 2 — Sidereal Time | 10 ♏ | 11 ♏ | 12 ♐ | Ascen ♑ | 2 ♒ | 3 ♓

Sidereal Time (H. M. S.)	10	11	12	Ascen °	′	2	3
13 51 37	0	25	15	5	35	16	27
13 55 27	1	25	16	6	30	17	29
13 59 17	2	26	17	7	27	18	♈
14 3 8	3	27	18	8	23	20	1
14 6 59	4	28	18	9	20	21	2
14 10 51	5	29	19	10	18	22	4
14 14 44	6	♐	20	11	17	23	5
14 18 37	7	1	21	12	15	24	7
14 22 31	8	2	22	13	14	25	8
14 26 25	9	2	23	14	16	26	9
14 30 20	10	3	24	15	15	27	11
14 34 16	11	4	24	16	15	29	12
14 38 13	12	5	25	17	15	♓	13
14 42 10	13	6	26	18	15	1	14
14 46 8	14	8	27	19	15	2	16
14 50 7	15	8	28	20	15	4	17
14 54 7	16	9	29	21	15	5	18
14 58 7	17	10	♑	22	15	6	20
15 2 8	18	11	1	23	15	8	21
15 6 9	19	12	2	24	15	9	23
15 10 12	20	13	3	25	15	11	24
15 14 15	21	14	4	26	16	12	25
15 18 19	22	15	5	27	16	14	27
15 22 23	23	15	6	29	16	15	28
15 26 29	24	16	6	♒ 0	12	18	26
15 30 35	25	17	7	2		19	9
15 34 41	26	18	8	3	46	21	9
15 38 49	27	19	9	5		22	11
15 42 57	28	20	10	6		24	11
15 47 6	29	21	11	7		25	12
15 51 15	30	21	11	8	27	27	9

Segment 3 — Sidereal Time | 10 ♐ | 11 ♐ | 12 ♑ | Ascen ♒ | 2 ♓ | 3 ♈

Sidereal Time (H. M. S.)	10	11	12	Ascen °	′	2	3
15 51 15	0	21	13	8		27	4
15 55 25	1	22	14	10	31	28	5
15 59 36	2	23	15	11	56	♈	6
16 3 48	3	24	16	13	23	1	7
16 8 0	4	25	17	14	50	3	9
16 12 13	5	26	19	16	12	4	10
16 16 26	6	27	19	17	50	6	11
16 20 40	7	28	20	19	15	7	12
16 24 55	8	29	21	20	41	9	13
16 29 10	9	♑	22	22	5	10	15
16 33 26	10	1	23	23	24	12	16
16 37 42	11	2	24	25	5	14	17
16 41 59	12	3	26	26	13	15	18
16 46 16	13	4	27	27	3	17	19
16 50 34	14	5	28	28	5	18	20
16 54 52	15	6	29	♓ 0		20	22
16 59 10	16	7	♒	1	22	21	23
17 3 29	17	8	2	2	51	23	24
17 7 49	18	9	3	3	7	24	25
17 12 9	19	10	4	4	9	26	26
17 16 29	20	11	5	7	11	27	27
17 20 49	21	12	7	8	22	29	28
17 25 9	22	13	8	9	22	♈	♈
17 29 30	23	14	9	10	23	1	1
17 33 51	24	15	10	11	24	2	2
17 38 12	25	16	12	16	25	3	3
17 42 34	26	17	13	17	42	4	4
17 46 55	27	19	14	19	7	5	5
17 51 17	28	20	16	21	7	10	7
17 55 38	29	21	17	22	8	11	8
18 0 0	0	30	18	30		12	9

Lower tables

Segment 1 — Sidereal Time | 10 ♑ | 11 ♑ | 12 ♒ | Ascen ♈ | 2 ♉ | 3 ♊

Sidereal Time (H. M. S.)	10	11	12	Ascen °	′	2	3
18 0 0	0	22	18	0	0	12	9
18 4 22	1	23	20	1	53	13	10
18 8 43	2	24	21	3	48	14	11
18 13 5	3	25	23	5	41	16	12
18 17 26	4	26	24	7	35	17	13
18 21 48	5	27	25	9	27	18	14
18 26 9	6	28	27	11	19	20	15
18 30 30	7	29	28	13	11	21	16
18 34 51	8	♒	♓	15	3	22	17
18 39 11	9	2	1	16	52	23	18
18 43 31	10	3	3	18	42	25	19
18 47 51	11	4	4	20	30	26	20
18 52 11	12	5	5	22	17	27	21
18 56 31	13	6	7	24	2	29	22
19 0 50	14	7	9	25	49	♊	23
19 5 8	15	8	10	27	33	1	24
19 9 26	16	10	12	29	15	2	25
19 13 44	17	11	13	♉ 0	56	3	26
19 18 1	18	12	15	2	37	4	27
19 22 18	19	13	16	4	16	6	28
19 26 34	20	14	18	5	53	7	29
19 30 50	21	16	19	7	30	8	♋
19 35 5	22	17	21	9	4	9	1
19 39 20	23	18	22	10	38	11	2
19 43 34	24	19	24	12	10	12	3
19 47 47	25	20	25	13	41	13	5
19 52 0	26	21	27	15	10	15	6
19 56 12	27	23	29	16	37	16	7
20 0 24	28	24	♈	18	4	17	8
20 4 35	29	25	2	19	29	18	9
20 8 45	30	26	3	20	52	20	10

Segment 2 — Sidereal Time | 10 ♒ | 11 ♒ | 12 ♈ | Ascen ♉ | 2 ♊ | 3 ♋

Sidereal Time (H. M. S.)	10	11	12	Ascen °	′	2	3
20 8 45	0	26	3	20	52	20	10
20 12 54	1	27	5	22	14	21	11
20 17 3	2	29	6	23	35	22	12
20 21 11	3	♓	8	24	55	24	13
20 25 19	4	1	9	26	13	25	14
20 29 26	5	2	11	27	31	26	15
20 33 31	6	3	12	28	47	28	16
20 37 37	7	5	14	♊ 0	2	29	17
20 41 41	8	6	15	1	17	♋	18
20 45 45	9	7	16	2	29	2	20
20 49 48	10	8	18	3	41	3	21
20 53 51	11	9	19	4	51	4	22
20 57 52	12	11	21	6	1	5	23
21 1 53	13	12	22	7	9	7	24
21 5 53	14	13	24	8	16	8	25
21 9 53	15	14	25	9	23	9	26
21 13 52	16	16	26	10	29	10	26
21 17 50	17	17	28	11	33	11	27
21 21 47	18	18	29	12	37	12	28
21 25 44	19	19	♉	13	41	14	29
21 29 40	20	21	2	14	44	15	♌
21 33 35	21	22	3	15	46	16	1
21 37 29	22	23	5	16	48	17	2
21 41 23	23	24	6	17	49	18	3
21 45 16	24	26	7	18	49	19	4
21 49 9	25	27	8	19	48	20	5
21 53 1	26	28	10	20	46	21	6
21 56 52	27	29	11	21	44	22	7
22 0 43	28	♈	12	22	41	23	7
22 4 33	29	1	13	23	37	24	8
22 8 23	30	3	14	24	33	25	9

Segment 3 — Sidereal Time | 10 ♓ | 11 ♈ | 12 ♉ | Ascen ♊ | 2 ♋ | 3 ♌

Sidereal Time (H. M. S.)	10	11	12	Ascen °	′	2	3
22 8 23	0	3	14	24	33	25	9
22 12 12	1	4	15	25	26	26	10
22 16 0	2	5	17	26	17	27	11
22 19 48	3	6	18	27	8	28	11
22 23 35	4	7	19	27	59	29	12
22 27 22	5	9	20	28	49	♌	13
22 31 8	6	10	21	29	38	1	14
22 34 54	7	11	22	♋ 0	27	2	15
22 38 40	8	12	23	1	16	3	16
22 42 25	9	13	25	2	4	4	17
22 46 9	10	14	26	2	52	5	17
22 49 53	11	15	27	3	37	6	18
22 53 37	12	16	28	4	24	7	19
22 57 20	13	18	29	5	11	8	20
23 1 3	14	19	♊	5	57	9	21
23 4 46	15	20	1	6	43	10	22
23 8 28	16	21	2	7	28	11	23
23 12 10	17	22	3	8	12	12	23
23 15 52	18	23	4	8	55	13	24
23 19 34	19	24	5	9	38	14	25
23 23 15	20	26	6	10	20	15	26
23 26 56	21	27	7	11	2	16	27
23 30 37	22	28	8	11	43	17	28
23 34 18	23	29	9	12	24	18	29
23 37 58	24	♉	10	13	5	19	♍
23 41 39	25	1	11	13	45	20	1
23 45 19	26	2	12	14	25	21	2
23 49 0	27	3	12	15	5	22	3
23 52 40	28	4	13	15	44	23	3
23 56 20	29	5	14	16	23	24	4
24 0 0	30	6	15	18		26	5

PROPORTIONAL LOGARITHMS FOR FINDING THE PLANETS' PLACES

DEGREES OR HOURS

Min.	0	1	2	3	4	5	6	7	8	9	10	11	12	13	14	15	Min.
0	3.1584	1.3802	1.0792	9031	7781	6812	6021	5351	4771	4260	3802	3388	3010	2663	2341	2041	0
1	3.1584	1.3730	1.0756	9007	7763	6798	6009	5341	4762	4252	3795	3382	3004	2657	2336	2036	1
2	2.8573	1.3660	1.0720	8983	7745	6784	5997	5330	4753	4244	3788	3375	2998	2652	2330	2032	2
3	2.6812	1.3590	1.0685	8959	7728	6769	5985	5320	4744	4236	3780	3368	2992	2646	2325	2027	3
4	2.5563	1.3522	1.0649	8935	7710	6755	5973	5310	4735	4228	3773	3362	2986	2640	2320	2022	4
5	2.4594	1.3454	1.0614	8912	7692	6741	5961	5300	4726	4220	3766	3355	2980	2635	2315	2017	5
6	2.3802	1.3388	1.0580	8888	7674	6726	5949	5289	4717	4212	3759	3349	2974	2629	2310	2012	6
7	2.3133	1.3323	1.0546	8865	7657	6712	5937	5279	4708	4204	3752	3342	2968	2624	2305	2008	7
8	2.2553	1.3258	1.0511	8842	7639	6698	5925	5269	4699	4196	3745	3336	2962	2618	2300	2003	8
9	2.2041	1.3195	1.0478	8819	7622	6684	5913	5259	4690	4188	3737	3329	2956	2613	2295	1998	9
10	2.1584	1.3133	1.0444	8796	7604	6670	5902	5249	4682	4180	3730	3323	2950	2607	2289	1993	10
11	2.1170	1.3071	1.0411	8773	7587	6656	5890	5239	4673	4172	3723	3316	2944	2602	2284	1988	11
12	2.0792	1.3010	1.0378	8751	7570	6642	5878	5229	4664	4164	3716	3310	2938	2596	2279	1984	12
13	2.0444	1.2950	1.0345	8728	7552	6628	5866	5219	4655	4156	3709	3303	2933	2591	2274	1979	13
14	2.0122	1.2891	1.0313	8706	7535	6614	5855	5209	4646	4148	3702	3297	2927	2585	2269	1974	14
15	1.9823	1.2833	1.0280	8683	7518	6600	5843	5199	4638	4141	3695	3291	2921	2580	2264	1969	15
16	1.9542	1.2775	1.0248	8661	7501	6587	5832	5189	4629	4133	3688	3284	2915	2574	2259	1965	16
17	1.9279	1.2719	1.0216	8639	7484	6573	5820	5179	4620	4125	3681	3278	2909	2569	2254	1960	17
18	1.9031	1.2663	1.0185	8617	7467	6559	5809	5169	4611	4117	3674	3271	2903	2564	2249	1955	18
19	1.8796	1.2607	1.0153	8595	7451	6546	5797	5159	4603	4109	3667	3265	2897	2558	2244	1950	19
20	1.8573	1.2553	1.0122	8573	7434	6532	5786	5149	4594	4102	3660	3258	2891	2553	2239	1946	20
21	1.8361	1.2499	1.0091	8552	7417	6519	5774	5139	4585	4094	3653	3252	2885	2547	2234	1941	21
22	1.8159	1.2445	1.0061	8530	7401	6505	5763	5129	4577	4086	3646	3246	2880	2542	2229	1936	22
23	1.7966	1.2393	1.0030	8509	7384	6492	5752	5120	4568	4079	3639	3239	2874	2536	2223	1932	23
24	1.7781	1.2341	1.0000	8487	7368	6478	5740	5110	4559	4071	3632	3233	2868	2531	2218	1927	24
25	1.7604	1.2289	0.9970	8466	7351	6465	5729	5100	4551	4063	3625	3227	2862	2526	2213	1922	25
26	1.7434	1.2239	0.9940	8445	7335	6451	5718	5090	4542	4055	3618	3220	2856	2520	2208	1917	26
27	1.7270	1.2188	0.9910	8424	7318	6438	5706	5081	4534	4048	3611	3214	2850	2515	2203	1913	27
28	1.7112	1.2139	0.9881	8403	7302	6425	5695	5071	4525	4040	3604	3208	2845	2509	2198	1908	28
29	1.6960	1.2090	0.9852	8382	7286	6412	5684	5061	4516	4032	3597	3201	2839	2504	2193	1903	29
30	1.6812	1.2041	0.9823	8361	7270	6398	5673	5051	4508	4025	3590	3195	2833	2499	2188	1899	30
31	1.6670	1.1993	0.9794	8341	7254	6385	5662	5042	4499	4017	3583	3189	2827	2493	2183	1894	31
32	1.6532	1.1946	0.9765	8320	7238	6372	5651	5032	4491	4010	3576	3183	2821	2488	2178	1889	32
33	1.6398	1.1899	0.9737	8300	7222	6359	5640	5023	4482	4002	3570	3176	2816	2483	2173	1885	33
34	1.6269	1.1852	0.9708	8279	7206	6346	5629	5013	4474	3994	3563	3170	2810	2477	2168	1880	34
35	1.6143	1.1806	0.9680	8259	7190	6333	5618	5003	4466	3987	3556	3164	2804	2472	2164	1875	35
36	1.6021	1.1761	0.9652	8239	7174	6320	5607	4994	4457	3979	3549	3157	2798	2467	2159	1871	36
37	1.5902	1.1716	0.9625	8219	7159	6307	5596	4984	4449	3972	3542	3151	2793	2461	2154	1866	37
38	1.5786	1.1671	0.9597	8199	7143	6294	5585	4975	4440	3964	3535	3145	2787	2456	2149	1862	38
39	1.5673	1.1627	0.9570	8179	7128	6282	5574	4965	4432	3957	3529	3139	2781	2451	2144	1857	39
40	1.5563	1.1584	0.9542	8159	7112	6269	5563	4956	4424	3949	3522	3133	2775	2445	2139	1852	40
41	1.5456	1.1540	0.9515	8140	7097	6256	5552	4947	4415	3942	3515	3126	2770	2440	2134	1848	41
42	1.5351	1.1498	0.9488	8120	7081	6243	5541	4937	4407	3934	3508	3120	2764	2435	2129	1843	42
43	1.5249	1.1455	0.9462	8101	7066	6231	5531	4928	4399	3927	3501	3114	2758	2430	2124	1838	43
44	1.5149	1.1413	0.9435	8081	7050	6218	5520	4918	4390	3919	3495	3108	2753	2424	2119	1834	44
45	1.5051	1.1372	0.9409	8062	7035	6205	5509	4909	4382	3912	3488	3102	2747	2419	2114	1829	45
46	1.4956	1.1331	0.9383	8043	7020	6193	5498	4900	4374	3905	3481	3096	2741	2414	2109	1825	46
47	1.4863	1.1290	0.9356	8023	7005	6180	5488	4890	4365	3897	3475	3089	2736	2409	2104	1820	47
48	1.4771	1.1249	0.9330	8004	6990	6168	5477	4881	4357	3890	3468	3083	2730	2403	2099	1816	48
49	1.4682	1.1209	0.9305	7985	6875	6155	5466	4872	4349	3882	3461	3077	2724	2398	2095	1811	49
50	1.4594	1.1170	0.9279	7966	6960	6143	5456	4863	4341	3875	3454	3071	2719	2393	2090	1806	50
51	1.4508	1.1130	0.9254	7947	6945	6131	5445	4853	4333	3868	3448	3065	2713	2388	2085	1802	51
52	1.4424	1.1091	0.9228	7929	6930	6118	5435	4844	4324	3860	3441	3059	2707	2382	2080	1797	52
53	1.4341	1.1053	0.9203	7910	6915	6106	5424	4835	4316	3853	3434	3053	2702	2377	2075	1793	53
54	1.4260	1.1015	0.9178	7891	6900	6094	5414	4826	4308	3846	3428	3047	2696	2372	2070	1788	54
55	1.4180	1.0977	0.9153	7873	6885	6081	5403	4817	4300	3838	3421	3041	2691	2367	2065	1784	55
56	1.4102	1.0939	0.9128	7854	6871	6069	5393	4808	4292	3831	3415	3034	2685	2362	2061	1779	56
57	1.4025	1.0902	0.9104	7836	6856	6057	5382	4798	4284	3824	3408	3028	2679	2356	2056	1774	57
58	1.3949	1.0865	0.9079	7818	6841	6045	5372	4789	4276	3817	3401	3022	2674	2351	2051	1770	58
59	1.3875	1.0828	0.9055	7800	6827	6033	5361	4780	4268	3809	3395	3016	2668	2346	2046	1765	59
	0	1	2	3	4	5	6	7	8	9	10	11	12	13	14	15	

RULE:—Add proportional log. of planet's daily motion to log. of time from noon, and the sum will be the log. of the motion required. Add this to planet's place at noon, if time be p.m., but subtract if a.m. and the sum will be planet's true place. If Retrograde, subtract for p.m., but add for a.m.

What is the Long. of ☽ May 5th. 1977 at 2.15 p.m.?
☽'s daily motion—14° 58′

Prop. Log. of 14° 58′	.2051
Prop. Log. of 2h. 15m.	1.0280
☽'s motion in 2h. 15m=1° 24′ or Log.	1.2331

☽'s Long. on May 5th.=12°‡37′+1°24′=14°‡1′
The Daily Motions of the Sun, Moon, Mars, Venus and Mercury will be found on pages 26 to 28.